分享创造未来

罗军 著

中国科学技术出版社
·北 京·

图书在版编目（CIP）数据

分享创造未来 / 罗军著 . — 北京：中国科学技术
出版社，2021.11
　　ISBN 978-7-5046-9211-5

　　Ⅰ . ①分… Ⅱ . ①罗… Ⅲ . ①商业模式—研究 Ⅳ .
① F71

中国版本图书馆 CIP 数据核字（2021）第 196288 号

策划编辑	申永刚　赵　嵘
责任编辑	杜凡如
版式设计	蚂蚁设计
封面设计	仙境设计
责任校对	张晓莉
责任印制	李晓霖

出　　版	中国科学技术出版社
发　　行	中国科学技术出版社有限公司发行部
地　　址	北京市海淀区中关村南大街 16 号
邮　　编	100081
发行电话	010-62173865
传　　真	010-62173081
网　　址	http://www.cspbooks.com.cn

开　　本	880mm×1230mm　1/32
字　　数	175 千字
印　　张	9
版　　次	2021 年 11 月第 1 版
印　　次	2021 年 11 月第 1 次印刷
印　　刷	北京盛通印刷股份有限公司
书　　号	ISBN 978-7-5046-9211-5/F·948
定　　价	69.00 元

旅游思想者的创业分享

与罗军先生相识多年，印象最深的一个场景是在上海的某次公开演讲，他上台时身着标志性的 T 恤和牛仔裤，疾步前行时跌了一跤，他随即开口："创业的路上总有意想不到的坎坷，但无论如何还是要保持奔跑的姿态。"全场响起了掌声。接着他开始分享从新浪乐居到途家的创业历程，对旅行消费新需求的洞察，对斯维登商业模式和产品逻辑的理解。他一如既往地激情满满，一如既往地理性干练，也让每个人都看见了创业者的心中之火和脑中之光，也让更多的人随他加入奔跑的行列。

罗军先生代表的这一代创业者首先是"知世界、爱生活"的思想者。他们学习和借鉴古往今来的商业文明，观察当代经济形势，思考社会发展状况，进而找到自己在经济社会发展体系中的历史坐标，承担自己在商业演化进程中的时代责任。他们洞悉市场规律，善于把握市场机会，以其卓越的商业思想让企业的存量资源转化为现实的市场价值，并经由研发和创新创造更多的增量空间。不同于旅游领域早期企业家的生存驱动、开放驱动和政策促进，也不同于过去二十年的资源垄断和技术领先，他们以深邃的思想和高远的情怀与世界级企业家对话，以生生不息的创业、创造引领全面建设社会主义现代化国家新时代的旅游业高质量发展。

罗军先生代表的这一代创业者也是"知中国、爱旅行"的实践者。2011年夏天，在参与创建的第一家公司登陆纳斯达克两年后，他选择了离开。在旅居三亚的日子里，他从刷马桶、铺床单开始，不断加深对旅行和住宿业的理解，持续探索分享经济的本质及其在中国实践创新的可能。自那时起，以经历、对话和分享深化对市场的理解和对商业的思考，以思考的结果作用于创业和管理实践，就成为他在旅行创业的道路上奔跑前行的双重动力。没有思考的实践是盲目的实践，而没有实践的思考则是空洞的思考，唯有知行合一，才能形成建设美丽中国旅游梦的伟大力量。

罗军先生代表的这一代创业者开创了属于他们的时代并将以鲜明的特征而成为现代旅游业建设和发展进程中的时代印迹。展望未来，更希望他们做时代的企业家，为国民的旅游权利的彰显，为主客共享整合发展的旅游新时代做出更大的贡献。

你愿意分享，我愿意同行！

戴斌

中国旅游研究院院长

罗军与他的分享经济模式

我认识罗军，已经超过 10 年了，亲眼见证了他从一名高级职业经理人，到纳斯达克上市公司（新浪乐居）联合创始人，然后又从头开始，开创一个行业，成为中国分享经济的领军者。

在罗军身上，我们既能看到一名互联网创业者的理想主义，又能看到一名会计师的严谨，还能看到一个上海男人的精明。可以说，他属于中国创业者中的"海派"：低调优雅，精打细算，从不"裸奔"，也很少贴身肉搏，同时对大势始终有很清晰的把握。

也许正是这种对行业规律的尊重和对行业方向感、节奏感的把握，使得途家和斯维登能够经得起长时间的考验，不但一直保持行业领先地位，还摸索出了一套"真正能赚钱的分享经济"模式。

本书中提到的一个案例很有意思：众所周知，2020 年新冠肺炎疫情给酒店及民宿业带来的冲击堪称致命性的。但是罗军发现，在国内疫情最严重的两个月，斯维登整体盈亏情况与 2019 年同期相比，并没有太大的变化。原因就是他们应用了更好的商业模式，可以做到成本随着收益同步下降——这就是模式的价值。

　　罗军在途家和斯维登践行的"分享经济"，与国内一些名为"共享经济"的"租赁"模式有很大的不同。它真正将物品所有权和使用权分离，商品由物主提供，由企业运营，由客户使用，这是一种非常强调价值重塑和碎片整合的商业模式。由于"使用而不占有"，它的边际成本趋近于零，因而可以不断复制，拥有更好的盈利前景和较强的抗风险能力。

　　同样是在分享（共享）经济领域创业，有的人做的是快生意，有的人则选择一步一个脚印，重做一个行业，虽然可能看起来没有很大的声势，但却逐渐把自己做成了新经济的标杆。

　　当然，更严谨的商业模式也要求创业者对产业有更深入、细致的研究，在运营方面也要更精细化：一方面，由于模糊了"拥有"和"占有"的界限，对用户信息维护、财产安全管理就要更全面、更系统；另一方面，分享经济模式要想发挥作用，需要通过互联网工具对碎片化的市场供给和需求进行整合，因此对服务的标准化和成本控制要求更高。

　　正如罗军在书中所说："经济模式带来商业模式，商业模式带来产品模式"。十年来，围绕分享经济模式的落地，途家和斯维登进行了开创性的探索，他们先后经历了分享闲置物品、分享二次闲置库存、分享异业合作、分享用户购物平台、分享美好时光五个阶段，每个阶段都有自己的特点，形成了"斯维登五维分享经济理论"。这可以说是罗军团队对中国，乃至对全世界新经济发展，从理论到实践做出的巨大贡献，他们为后来的创业者探明了道路。

　　不同的行业肯定会有不同的现实场景，分享经济模式应用到某一具体行业，也许需要创业者构建不同的商业模式和路径。但我相信，罗军的案例中有几个关键点，对于多数创业者来说是共通的：首先，如何根据新经济原理，合理设计商业模式；其次，如何把管理思想编进系统，进行精细化实现；第三，如何围绕新商业模式搭建团队，推行严格的目标管理。

　　在书中，罗军对途家和斯维登面对各种具体问题时的解决方案和思路，都做了详细地拆解，相信能给很多创业者带来启发。分享经济作为 21 世纪具有代表性的先进经济模式，如果能够被准确理解并高效运用，将能极大优化和升级创业者的商业模式。

　　我很庆幸，罗军这样的优秀创业者是我们黑马（黑马营七期）中的一员；我也很高兴，罗军还是我们黑马实验室的"教练"之一。

　　在黑马实验室平台上，罗军的"分享经济实验室"曾进行过一次创举：尝试把创投圈的资源与地方政府和地方创业力量结合起来，把分享经济理念和乡村振兴战略结合起来，在四川省新津县①开办了"乡村振兴产业实验室"，共同引领中国的产业升级。

　　那是 2019 年 10 月，以成都新津县乡村振兴研究院为主体，"分享经济实验室"和新津县委党校、四川绿领乡村振兴培训学院、

————————

① 自 2020 年 6 月 30 日起，四川省新津县撤销，原新津县行政区域设为成都市新津区的行政区域。——编者注

新津技工学校等教学培训机构合作，共同打造了这个"乡村振兴产业实验室"。在随后的三个多月中，罗军团队和黑马助教团，与来自全国 20 省的 52 名企业创始人，围绕乡村振兴主题进行产业研讨、场景实训和创新赋能，帮助创业者完成了认知、业务、资本、政务四大模块的加速。

就在结业现场，有寓多多、极限之路、房车世界等 8 家公司与斯维登达成了合作意向，科芯集团、重庆新陆农业、恒星文旅、鳌游乡里乡村民宿等 12 家企业在新津县达成了合作共识……我们一起为中国新乡村产业的就地、就近升级和健康快速成长出了一份力。

从 2016 年创立到 2021 年 5 月，黑马实验室累计加速创业者近 1800 人次，有 60 多位企业家、投资人、专家学者入驻，已经成为中国领先的产业加速器集群。但我们一直很清醒，在中国广袤的城乡当中，还隐藏着巨大的创业渴望和商业可能性，"分享经济实验室"的这一次尝试，让我们看到了更广阔的未来。

中国的创业服务领域有三股力量：第一股力量是各类投资人，他们为创业者提供资本；第二股力量是各"实验室"中像罗军这样的先行者，他们能帮助创业者提升认知、提供资源，可以说是创业"教练"；第三股力量就是各个城市或园区中的"加速空间"，这是创业者成长的地理空间。

目前，黑马实验室很大程度上还是"虚拟加速器"。我们希望，下一步能够把投资人、教练、加速空间三股力量结合起来，让虚拟加速器走向商业大地，走向产业城市。因为中国未来的产业升级必然要在各个产业城市中展开。这些城市中的创业者，是中国未来参与国际竞争最重要的生力军。希望有更多的投资人、创业者、产业专家和相关机构能够像罗军这样，与我们一道，共同助力中国城市的产业升级！

牛文文

创业黑马集团董事长

SHARING CREATES THE FUTURE

目录

第 5 章

向流程要效益，通过标准向行业要影响力 - 131

第 6 章

成功分享的背后，是基于组织与人才的底层逻辑 - 153

第 7 章

激励管理术：让团队成员保持专注 - 187

■ 引言 ■

分享经济　幸福世界

很多人问我："罗总，到底什么是分享经济？斯维登到底是怎样一种商业模式？"从无人关注到成为风口，当前，大众对于分享经济的认知更多还是集中在媒体与投资领域，这种经济模式还不能称得上是众所周知，甚至很多人对其有所误解。不过，值得欣慰的是，伴随分享经济在中国的崛起，已经有越来越多的人开始注意到其背后所蕴藏的巨大能量，许多创业者开始了与"分享"相关的探索，在分享经济的影响下，人们的消费行为也开始有了转变：

从前出门旅行，大家喜欢住星级酒店，但如今住精致的民宿、融入当地人的生活已经成为潮流——就像多年前到武汉不吃热干面只吃小龙虾会被视作异类，如今小龙虾却比热干面更像城市的名片。

在本书的开始，我先从住宿行业挑几个小故事，分享给大家。

第一个故事：一对苏州八十多岁老夫妻的梦想

在苏州，有一对八十多岁的老夫妻，他们拥有一个近百年历史的老宅，孩子也不在身边，前些年开始，他们突发奇想，请人改造了他们的房子。因为他们的愿望是让现在的年轻人能够对苏州的历史文化有更多的了解。他们在宅子中放了很多自己在苏州发现的老物件。

每天，老太太都会熬桂花粥、煮茶叶蛋，让客人们品尝。在这里，游客可以深切地感受到传统苏州的生活状态。而且，老先生也非常愿意和前来居住的年轻人聊天，向他们讲述一些苏州的历史，并向他们推荐一些正宗的苏州特产以及值得游览的地方。

这对老夫妻的所作所为其实就是在经营民宿。说实话，经营民宿是一件非常时髦的事情。老夫妻通过经营民宿得到了些许收入，但是对于80多岁的老人而言，钱已经不是那么重要了。他们其实是在通过经营一个老宅接待更多年轻人，陪他们"聊天"。所以，这是一个相对纯粹的分享活动，对于老夫妻而言，就是自己将多余的房间分享出来给其他人住，再从中获得一些收益。当然，他们的这种分享并不单纯是为了挣钱，更多的是为了一种情怀：我分享给你的不仅仅是一个住宿的空间，而是将当地的文化、历史和地理环境等全部分享给你，让你感受一下真正的本地人的生活。

由此可见，分享住宿的关键就是它能让彼此获得更好的交流，甚至有实现自我价值的功能，而无形中住宿就成了人与人之间的情感纽带，拉近了人们的距离。

第二个故事：爱的缅怀

我曾经在浙江省丽水市看到一个几千平方米的艺术馆，房屋设计很有特色，里面还收集了很多艺术品。房屋的主人是一个老太太，她说她的先生是从事建筑行业的，非常喜欢收藏各种各样的根雕、木雕类的艺术品。现在先生已经去世了，儿孙都在上班，家里只剩下她一个人。她设立这个艺术馆并开放给游人参观，就是为了怀念她的丈夫。后来，在我的建议下，她又腾出了一些房间，接待游客住宿。

后来老太太和我说，她现在挺高兴的，感觉一直有很多人和她在一起在与老先生聊天，她也不再寂寞了。还有很多人称赞屋内的收藏品，让她更高兴。至此，她也理解了老先生当初的用心。

第三个故事：一个小伙子的分享事业

前面两个案例更多的是在强调对美好事物和情怀的分享，虽然这中间也一定是掺杂了一定的物质利益。事实上，我认为不可能有完全纯粹的分享。理想中的纯粹分享是每个人都把自己的闲置时间、闲置物品拿来分享，让社会资源更流通。但是在任何一个分享平台上，都不可避免地会出现一些专职的从业者通过集中式的管理来获得更大的利润，比如专职的专车司机、专业的房屋管理机构。所以，未来一定会诞生更多的分享企业，有更多的创业者通过分享经济获利。

记得在我一次演讲结束时，有一个小伙子过来和我合影，他说非常感谢我，因为两年前无意间听了我的一次演讲，从而对城市民宿产生了兴趣。他说是我让他明白了分享经济这个领域，现在他已经专职做城市民宿，主要采用与业主分成的模式，这避免了传统的合租模式投入过高的缺陷，对于今天这些没有太多资本的人而言，起步的门槛大大降低了。目前他手中经营的房子有一百多套，收益也还不错。不过，对未来他是有一些迷茫的，希望再向我讨教下一步怎么走。

所以，即使这个小伙子对分享经济还缺乏足够的认知，或者说缺乏足够的感情，但是不可否认，他还是依靠分享经济获得了利益。分享经济背后蕴藏着巨大的财富，站在风口猪都能飞起来。在我看来，分享经济就是中国未来几年内的一个重要风口。

第四个故事：行政酒廊的困扰

我们出去住宿通常有两种模式：一是酒店；二是民宿。我有一个好朋友，他每次来上海找我聊天都很讲究，特别喜欢约在行政酒廊。我们知道，行政酒廊是酒店专门为入住行政客房的客人提供的高端商务客人休闲区，有着"酒店中的头等舱"之称，所以其价格自然也是比较昂贵。于是我建议他换个方式，可以在某一高端的小区租一个房子，超五星的住宿空间，价格一定比酒店的行政客房便宜，而且非常舒服，还可以在这里约见朋友或者将其充当临时办公室。后来，他真的做了，还笑称这是他的"驻沪办事处""驻沪会所"。

　　从商业模式的角度来看，这种分享住宿的模式有些类似于Airbnb（爱彼迎，民宿平台）和WeWork（办公室租赁企业）的结合，巧妙地将分享住宿与办公结合在一起，颠覆了传统酒店及写字楼的商业模式逻辑。

第五个故事：一盘饺子，七支烟的温暖

　　有一年冬至，我们集团旗下一个公寓里面入住了一对北方来的老夫妻。晚饭时间，店长特意包了饺子送过去，告诉老两口："今天外面天气比较冷，出去买饭不太方便，如果二位不介意可以尝尝我自己包的饺子。"老先生、老太太非常激动，觉得这家店的服务实在太周到了。

　　这样的案例还有很多，比如，我们曾经有一个项目在一个偏远的别墅区。一个住客晚上想买烟，但是附近没有任何门店，店长了解到这个情况后就把自己剩下的七支烟放在了一个信封里，交给客人，告诉客人："现在我们也没有办法买到烟，但我这里还有几支，不知道是否合您的口味。"

　　一盘饺子，七支烟，所传递出去的是关心，是温暖，是幸福，就像家人之间一样。

　　其实，这样的举措，任何一家住宿机构都能做到，只是因为规模太大，现实中不可实施，但是城市民宿因为规模小，所以一些人性化的服务就有了实施的可能。

　　到这里，你会发现这五个小故事告诉你，虽然住宿业在人类历史上几乎是亘古不变的，但今天，因为"分享"的逻辑、心态和手段，让我们可以重新审视这个古老的行业，相信在互联网技术的催生和作用下，一个崭新的时代开始逐步展现在我们的面前了。

　　分享经济时代已经来临，希望大家不要错失这个时代所给予我们的机会！我相信，未来谁能够努力推动精细化运营、优化用户体验、用心创新与分享有关的商业模式，谁就能在分享经济大战中取得一席之地。

第 1 章

深度解读:
分享经济的全球思维逻辑

　　　　分享经济在全球范围内的飞速发展，不仅给人们的生活、工作带来了极大的影响，也为许多创业者提供了新的机会。分享经济的本质是对闲置资源的持续分享，从而实现供需双方的互惠互利，其最大的特点是边际成本趋近于零。在分享经济的浪潮下，即使你没有一辆车，也能开出租车公司；没有一个产品，也可以开商场；没有一间房，也可以开旅馆……

1.1　分享经济的起源与发展

分享经济并不是一个新兴的概念，其由来已久。早在 1978 年，美国得克萨斯州立大学社会学教授马科斯·费尔逊（Marcus Felson）和伊利诺伊大学社会学教授琼·斯潘思（Joe L. Spaeth）就曾在其发表的论文《社区结构与协同消费：一个常规方法》中，对分享经济这种经济模式进行了论述，只不过当时它被称作"协同消费"。

到底什么是分享经济？其实，分享经济最初就是一些富余的人出于分享、有趣并获取利益等心态而参与的一系列分享闲置资源的活动。后来在社会大环境、信息技术等一些外界条件影响下，这种经济活动开始逐步走向成熟，并最终发展成为一种成型的经济模式，分享者也开始从最初的业余转向专业。

我们可以通过一个简单的案例来对分享经济的模式进行具体阐述。

很早以前，老张家种了很多白菜，而其隔壁老李家种了很多黄瓜，老张每天只能吃白菜，而老李的主要食物就是黄瓜。有一天老张想吃黄瓜了，于是他突发奇想拿出自己吃不完的一部分白菜，来到隔壁老李家，和老李商量能不能用白菜换取一些黄瓜，而老李正好也想要换下口味。于是两个人一拍即合，实现了交易。

后来，老张又用同样的方法，用白菜换取了老赵家的鸡蛋、老王家的大葱……虽然其只种植了白菜，但是其餐桌上的内容却越来越丰富，生活质量得到明显改善。慢慢地，村里其他人也开始效仿老张，纷纷拿自己多余的东西来换取自己所需。就这样，"以物换物"的交易模式开始在村里盛行起来。

之后，有了移动互联网，老张又开始将自己的白菜放到网上，并且明码标价，比如两根大葱可以换取一棵白菜、三根黄瓜可以换取一棵白菜，鼓励那些需要白菜的人拿相应的物品来换取他多余的白菜。运营一段时间后，老张又建立了自己的置换网站，凡是有需求的人，都可以把自己的闲置物品拿到他的网站进行租赁或置换。

这就是分享经济的简单形成过程。

结合分享经济的发展史，我们可以简单地将分享经济理解为：利用互联网等现代信息技术，实现海量的分散化闲置资源的分享，以此来满足人们多元化需求的一种经济活动形式。通俗点说，就是把多余的物品分享出来，将其使用权限交给其他需要它的人，使存量物品价值最大化，实现交易双方互惠获利（图1-1）。

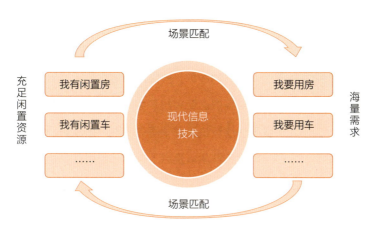

图1-1 分享经济

存在即合理，每一种经济模式的诞生与发展都有其必然原因与规律，分享经济也不例外，其迅速崛起与发展绝非偶然。我认为，分享经济兴起主要有以下四个直接诱因（图1-2）：

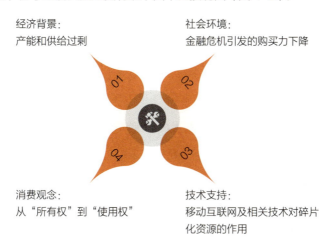

经济背景：
产能和供给过剩

社会环境：
金融危机引发的购买力下降

消费观念：
从"所有权"到"使用权"

技术支持：
移动互联网及相关技术对碎片化资源的作用

图1-2 分享经济兴起的四个直接诱因

1. 经济背景：产能和供给过剩

分享经济的本质就是对闲置资源的再次利用，以实现资源价值最大化，从而为人们节约成本。所以，产能和供给过剩是分享经济诞生的基础。分享经济最早兴起于生产力高度社会化的欧美国家，由于经济发展速度较快，那里率先出现产品过剩、供大于求的局面，众多中等收入群体以及以上人群开始拥有多处冗余和闲置的财产，这就为分享经济的诞生提供了条件。

斯维登所在行业——不动产管理，最早就源于欧洲，为什么？因为到目前为止，欧洲的家族资产非常惊人，而且家族资产中占比最多的就是不动产，我所熟悉的一位欧洲企业家，其家族在海边拥有一个宅子。一到暑期，他们就举家去那里度假，而其余时间，这处宅子基本都处于闲置状态。而有些年份的暑期之外的时间，他们也可能去其他旅游地度假，而那时他们的度假宅子就空余下来了。

2. 社会环境：金融危机引发的购买力下降

分享经济真正被大众所接受是在 2008 年。这一年，受美国次贷危机影响，金融危机席卷全球，世界各地经济都遭受了前所未有的冲击，特别是美国。一方面，经济危机使得失业人数骤增，为了维持基本生活，很多人选择出租、贩卖个人的闲置物品；另一方面，经济危机导致人们的购买力大幅下降，因此价格相对较低的闲置物品就有了市场。就这样，分享经济逐步正式走到大众眼前，并逐步扩展到住房和出行领域。

2008 年 8 月，乔·杰比亚（Joe Gebbie）和好友布莱恩·切斯基（Brian Chesky）在美国旧金山联合创立房屋短租服务公司——Airbnb。2009 年，加利福尼亚大学洛杉矶分校辍学生特拉维斯·卡兰尼克（Travis Kalanick）和加勒特·坎普（Garrett Camp）创了科技公司优步（Uber），主要提供载客车辆租赁及实时共乘的共享型经济服务。Airbnb 和 Uber 的出现恰到好处地满足了经济危机下，美国群众缩减开支和节约成本的经济需求。在这些共享型经济服务的催生下，分享经济也相继拉开了发展的大序幕。

3. 技术支持：移动互联网及相关技术对碎片化资源的作用

2010 年，移动互联网和智能手机的蓬勃发展，实现了供需信息的精准匹配，人们可以随时随地进行知识信息和生活内容的分享，而这进一步为分享经济的加速发展奠定了基础。就在这一年，Airbnb 和 Uber 都获得了融资。同一年，基于项目学习的在线教育平台技能分享（Skillshare）成立。2012 年，分享经济进入了爆发时期，这一时期，该领域诞生了许多企业。比如主打私家车拼车的来福车（Lyft），可以和邻里进行物品分享的社区 P2P 交易市场 NeighborGoods（注：国外一个商品交易网站名）等。总之，分享经济并不是起源于整体性的资源过剩，而是碎片化资源的分享。在现代化技术作用下，一切就变得可能了。

4. 消费观念：从"所有权"到"使用权"

伴随时代的转变和生活水平的不断提高，人们的消费观念也随之发生了变化。过去，人们喜欢将房子等财产看作身份的象征，希望能够掌握物品的所有权，而在互联网思维的影响下，物品的所有权正在被消解。新时代下的年轻消费群体更愿意接受"租赁"和"付费使用服务"的分享消费模式，在他们看来，便捷地使用比拥有更重要。2015 年 4 月，国际会计师事务所普华永道的一次相关调查显示，在美国成年人中，约 83% 的人都认为分享经济模式能够让生活变得更加便捷、高效，并且为其生活带来了一定的社交性和趣味性。

在这样的消费观念下，越来越多的人开始将目光转向房屋、汽车、知识等各种闲置资源的租用和转让上，使得分享经济蓬勃发展，分享经济开始进入到衣、食、住、行等各个领域。

（1）衣。我们举个简单的例子，很多女孩子结婚的时候会穿婚纱，高价买来，但却只穿一次，其余的时间都是收藏在衣柜中，那么我们能不能将其放到一个平台上租借出去？在美国，就有这样一个租衣平台——Rent the Runway（网站名称）。

Rent the Runway 成立于 2009 年，最初它旨在为女性提供重要场合的服装租赁服务，是"线上租衣鼻祖"。后来，伴随分享经济的逐步深入发展，Rent the Runway 的业务也进行了相应拓展，开始向人们提供日常穿戴式的服务。同时，人们还可以借助这个平台，将自己衣橱里的服装出租给其他人。2016 年年末，Rent the Runway 获得了由富达国际领头的 6000 万美元融资；2018 年，其新一轮融资成功，该轮融资价值约为 8 亿美元。

成立伊始，Rent the Runway 所采取的经济模式主要是租赁，而非真正意义上的分享，企业将顶级设计师设计的婚纱礼服等购买下来，再以较低的价格租借给用户，但物权是平台的，平台拥有产品的"所有权"。之后，伴随日常穿戴式服务的发展，人们可以将自己的闲置衣服放到平台，这时衣服"所有权"属于发放闲置衣服的用户，"使用权"属于有需求的用户。Rent the Runway 的主要任务是作为中介平台链接需求者和供应方，而这就是典型的分享经济模式。

（2）食。不但"穿"可以分享，"吃"同样可以分享。你去任何地方旅行，想要吃到当地正宗特色菜，最好的选择一定不是去各个餐馆、酒店，而是去当地人的家中，而这并不是一件容易的事情。

为此，资深旅行爱好者、美食家诺亚·凯瑞士（Noah Karesh）创立了盛宴（Feastly）平台，创新性地将餐饮概念与社交相结合，立志成为"餐饮市场的 Airbnb"。其业务模式非常简单：食客们通过盛宴平台可以进行美食搜索和位置预订，然后就可以享受公共的、家庭自制的大餐。凯瑞士希望盛宴平台能够成为连接厨师与食客的桥梁。

（3）住。2020年12月10日，分享经济领头者、民宿领域的龙头企业Airbnb在美国纳斯达克上市，这让众多人开始将眼光转向分享住宿领域。我个人认为全世界发展最好的行业还是不动产运营，不动产运营有可能逐步发展成为成熟社会的主流行业。值得一提的是，2019年12月，斯维登集团完成对城宿的全资收购，而在此之前，城宿已获Airbnb投资。因此，此次交易完成后，通过换股，Airbnb也成了斯维登的新股东。

除Airbnb，国外在不动产领域探索的企业还有很多，比如美国的VACASA（一家短期租赁平台），这是一家技术型度假租赁和物业管理企业，成立于2009年，主要专注于短租管理服务。2016年VACASA成功获得了4000万美元的A轮融资；2017年顺利完成了B轮融资，融资金额为1.035亿美元；2018年，再次实现了6400万美元的C轮融资；2020年，获得了1.08亿美元的D轮融资。

还有同样位于美国的HomeAway（网站名称），这是一家提供假日房屋租赁的在线服务网站，成立于2004年。正式营运后不久，HomeAway便通过一系列收购和战略扩张举动，迅速发展壮大，成为全球最大的假日房屋租赁在线服务提供商。2011年6月，

HomeAway 在纳斯达克挂牌上市。2012 年，HomeAway 也参与了对斯维登的投资。

再比如加拿大的驿家（Cozystay），其主要业务内容是面向全球华人提供境外民宿预订，成立于 2015 年年初。2018 年，斯维登曾经对其进行投资。

再比如法国的 GuestToGuest（平台名称），该公司成立于 2011 年，是一家房屋交换平台。2017 年，在完成 3500 万美元的融资之后，GuestToGuest 收购了竞争对手——位于美国的国际换屋旅行公司 HomeExchange（房屋交换网站名称），成为继 Airbnb、HomeAway 之后又一大房屋分享平台。

（4）行。交通出行是最早被分享经济改造的领域之一，在过去很长一段时间里，人们的出行方式始终呈现出三足鼎立的局面：公共交通出行、出租车出行以及私家车出行。伴随着人们多元化需求的增长，这三种出行方式也已经不再能够完全满足所有人的出行需求，而且还存在资源浪费的情况，而分享出行的出现则有效缓解了这种局面，它不但能够提高交通的可达性，同时还能减少人们拥有汽车的数量，为人们出行提供更个性化的选择。这也是 Uber 能够迅速走向全球的一个重要原因。

除此之外，法国的长途分享出行企业 BlaBlaCar（法国在线拼车公司），美国共享出行平台位智（Waze）等，都取得比较不错的成绩。

从市场规模来看，自 2008 年后，分享经济模式开始逐步渗透到各个细分领域，以分享经济为商业模式的企业数量一直呈上涨趋势，其中很多企业资产已经达到数十亿美元。2015 年，普华永道的相关报告预计，到 2025 年，全球范围内共享经济市场规模将达到 3350 亿美元。

1.2　分享经济在中国的兴起

从严格意义上来讲，分享经济并不是舶来品，很早以前，中国便有以物易物的交易习惯。但是由于环境、技术等各方面原因限制，中国古代的分享经济没有发展起来，分享经济最初确实是在欧美国家先流行开来，之后伴随 Uber、Airbnb 等分享巨头企业的国际化渗透，分享经济才开始逐步进入中国，并在这里生根发芽。

值得一提的是，Uber、Airbnb 等分享企业在进入中国初期，发展得非常顺利，中国人对于分享经济的接受程度超出了很多人的想象，而且很快国内许多创业者都开始在分享经济领域探索。众多分享经济创业项目如雨后春笋，纷纷涌现，而众多创业项目的成功实践更是进一步加快了分享经济在中国的成长速度，使得其开始在各细分领域遍地开花。比如交通出行分享领域中的滴滴出行、易到用车；分享住宿领域的木鸟短租、途家、蚂蚁短租、小猪短租等；

知识分享领域中的知乎、豆瓣等，其中尤以分享出行领域和分享住宿领域的发展最为突出。

1. 分享出行

在中国，出行分享需求最为迫切。我曾经开玩笑和朋友说，中国的分享经济都装在一辆车里面，出行分享领域最应该成为中国发展分享经济的切入点。

2014 年 3 月，Uber 在上海召开发布会宣布正式进入中国市场。随后，Uber 在中国的试运营十分顺利，很快便吸引了大批用户。事实上，Uber 在中国开展业务之前，其运营模式便已经受到了国内许多创业者的关注与效仿。早在 2013 年，凹凸租车便已经尝试将"车分享"理念带入中国，号召拥有闲置车辆的私家车车主通过其平台，将爱车分享给其他有需要的人。

滴滴出行总裁柳青多年前曾任职于高盛，她曾多次与我沟通，希望投资途家。后来，突然间，我得知她加入了滴滴出行，并担任重要的职位。现在看来，当时大家都对分享经济模式的实践有兴趣。在 Uber 进入中国市场不久，主要面向日常乘客打车的打车软件快的打车与滴滴打车也都纷纷跳出了出租领域，不断拓展其生态范围，开始逐步试水分享经济，推出专车等业务模式。在资本的加持下，滴滴与快的开展了一场业内知名的烧钱大战。这场大战虽然让双方在经济上损失惨重，但是成功培养了用户新的出行习惯。2015 年 2 月 14 日，快的打车与滴滴打车宣布进行战略合并。2016 年 8 月，已经更名为"滴滴出行"的滴滴打车宣布与优步中国合并。至此，滴滴出行占据了中国网约车市场较大一部分份额。

中国的出行分享市场早在诞生之日起便一直呈现出蓬勃发展的景象。除滴滴出行外，易到用车、嘀嗒出行、神州专车等众多平台都取得了不错的成绩。

2. 分享住宿

在思想维度上，中西方一直存在一定差异，特别是在房产上，中国人比较向往安定，早期有钱人最喜欢做的事情就是买地、置办房产。拥有房产，在很多人眼中就代表着生活稳定。许多丈母娘在选择女婿时的第一要求就是"有房"，所以很多人说，中国房地产行业的繁荣很大一部分要归功于丈母娘。这个说法虽然带有玩笑的成分，但是不难看出中国人对于房产的执着。汇丰银行曾经在 2017 年对包括中国、美国、马来西亚等在内的 9 个国家的年轻人住房情况进行调研，调查结果显示中国年轻人的住房拥有率远超其他国家（表 1-1）。

表 1-1 "千禧一代"住房拥有情况示意表

国家	拥有住房者占比（%）	未来五年内计划购房者比（%）
澳大利亚	28	89
加拿大	34	82

续表

国家	拥有住房者占比（%）	未来五年内计划购房者比（%）
中国	70	91
法国	41	69
马来西亚	35	94
墨西哥	46	94
阿拉伯联合酋长国	26	80
大不列颠及北爱尔兰联合王国	31	74
美国	35	80

（数据来源：汇丰银行）

  中国人对房产的执着造成的一个直接影响就是把中国房地产市场炒热，造成房价急速飙升。有的人可能会拥有多套房产，但是有的人却可能一套都没有，直接导致中国有大量空关房。同时，中国也是一个旅行大国，相较于酒店，民宿显然对旅行人群更具吸引力。海量的空关房，众多的旅行人口，闲置资源和需求同时存在，不难看出中国的分享住宿市场极具潜力。

  "男怕入错行，女怕嫁错郎。"在最初创业时，我的选择其实有两个方向：一个是分享住宿，另一个是社区电商。我对比分析了很长时间，最终选择了分享住宿，于是才有了后来途家以及斯维登的诞生。之所以做出这一选择，很大一部分原因就是基于我对中国分享住宿领域背后所蕴藏的巨大机会的判断。

创立途家网前，我曾经参与创立了一家房地产互联网媒体企业——新浪乐居。2009 年 12 月新浪乐居与易居（中国）控股有限公司旗下克而瑞信息咨询业务合并，成立了中国房产信息集团，并成功在纳斯达克上市。2011 年夏天，在企业上市近两年后，我选择了离开。一个简单的背包、短裤加 T 恤，就这样我独自来到了三亚。最初从刷马桶、铺床开始，每一项琐碎而基础的工作我都参与在其中，目的就是为了探索分享经济的本质。

分享经济的本质是什么？就是利用分享创造价值。其实，如果从更深层的含义上来讲，我认为这也是人的本质。人之所以生存在这个世界上，就是因为人有创造力，人想创造和分享。我最早创办途家的目的就是希望将房子的闲置时间分享给旅行中的人们，实现价值创造，途家的名称也正是来源于此：打造"旅途中的家"。这不能简单理解成住宿空间或服务像"家"，而是将我的"家"分享给他人住，这两者是有很大差异的。酒店管理者把房间打扮成"家"与我将自己的"家"给你体验，是完全两码事，根本就是让你体验不一样的家。

由于环境和文化不同，用户需求不同，所以中国的住宿分享企业在借鉴国外企业经验的同时，也进行了一些改进。比如 Airbnb 更多的是为用户提供一种彼此进行交易的平台，但是途家及斯维登还担任起物业管理的工作。我们不仅要找到供求双方，还要负责房屋的管理与维护工作。

从萌芽到快速发展，分享经济在中国的兴起异常迅速，究其原因，我认为主要取决于以下五个方面（图 1-3）：

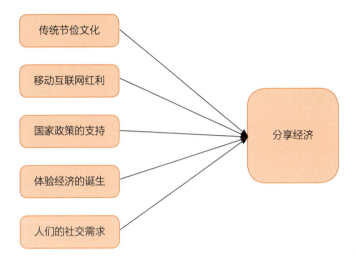

图1-3　分享经济在中国兴起的主要原因

第一，传统节俭文化。中国人一向将勤俭节约视为美德，"谁知盘中餐，粒粒皆辛苦"影响了一代又一代中国民众。在中国，许多老年人可以为了一件打折产品排一个小时的队，也会为了节约一元钱车费而多走半个小时路程……这与分享经济所提倡的"节约成本""价值最大化"等理念不谋而合。

第二，移动互联网红利。改革开放给中国网民带来了互联网红利，从 2012 年到 2015 年，中国移动互联网迅猛发展，网民数量从 5.7 亿增长到 7.9 亿，增长迅速。中国互联网络信息中心 2020 年 4 月所发布的《中国互联网络发展状况统计报告》显示，截至

2020 年 3 月，我国网民规模已经高达 9.04 亿，这为分享经济的兴起提供了足够的保障。

第三，国家政策的支持。伴随分享经济在国内的逐步发展，国家也先后出台了一系列政策，态度也由最初的放宽到全力支持。

2015 年 10 月，交通运输部发布了《关于深化改革进一步推进出租汽车行业健康发展的指导意见（征求意见稿）》以及《网络预约出租汽车经营服务管理暂行办法》。这是国家首次对网约车提出明确政策规范，也意味着分享经济在出行领域开始走向合法化。

同年 10 月，在党的十八届五中全会中，《中共中央关于制定国民经济和社会发展第十三个五年规划的建议》通过审议，明确提出了创新、协调、绿色、开放、共享五大发展理念。这是国家首次明确将共享经济列入国家发展战略，代表着国家对分享经济的认可和支持也越来越近了。

2016 年 7 月，中共中央办公厅、国务院办公厅印发《国家信息化发展战略纲要》，提出要"发展分享经济，建立网络化协同创新体系"。

2020 年 7 月，国家发改委等 13 个部委发布《关于支持新业态新模式健康发展 激活消费市场带动扩大就业的意见》，鼓励共享出行、共享住宿、文化旅游等领域产品智能化升级和商业模式创新。

第四，体验经济的诞生。体验经济是继农业经济、工业经济和服务经济之后一种新的经济类型，其更强调用户消费行为发生时的心理感受。随着人们生活水平的不断提高，人们的消费观念也产生了变化，我认为这个时代最宝贵的就是人的体验。在体验经济背景下，人们往往更愿意去尝试并接受各种不同的消费模式，并且只要能够收获良好的体验，大多数人都会愿意与他人进行分享，从而实现良好的口碑传播，这就为分享经济全面开花提供了重要条件。

　　举个简单的例子，当你进入一个有特色的房间安顿下来后，做的第一件事情往往就是拍照，然后发给朋友或者直接在自己的社交网站进行分享。斯维登曾经推出过许多特色主题民宿房，比如闺蜜房、情侣房、名媛房等（图 1-4）。

图1-4　斯维登主题民宿房

　　每个主题房的目标用户画像都非常明确，驱动用户选择入住这种特色主题房间的动力，就是体验。当然，这种体验不仅仅局限在视觉上，它涉及功能、服务等各个方面。有一次，我私访我们在重庆协信公馆的项目，在电梯上遇到了一个小伙子。交谈中小伙子告诉我，他每次出差都选择在这里居住，原因很简单，他家在成都，公司派他今年负责重庆市场，问题是不知道什么时候又要调他回去。在重庆租房肯定不合适，每周往返成渝又要反复搬运行李，显然也很累。经过一番权衡之后，他选择了协信公馆，协信公馆有酒店式服务，房间大、价格合理，最重要的是他的东西可以储存在房间的橱柜里，这下两边都合适。

　　体验可以体现在方方面面，有时一个极小的细节，都有可能打动用户。在这个体验至上的时代中，良好的体验成为人们选择产品和服务时的一个重要依据。在我看来，提升用户体验已经成为分享经济取得快速发展的不二法门。

　　第五，人们的社交需求。人是群居生物，社交是人最基本的需求，而分享本身就是一个需要多人共同参与的社交行为。分享经济的商业模式很好地满足了人们的社交需求。一个人住在酒店的一个房间里，和一群志同道合的人在一栋别墅中打太极、开主题 PARTY，感觉肯定是不一样的。

　　节俭的传统文化、网民大国红利、体验经济的诞生以及人们的社交需求为分享经济在中国的生长提供了土壤，而在国家政策红利的加持下，以分享出行和分享住宿为代表的分享经济，在激活中国消费市场、带动和扩大就业方面正在发挥越来越重要的作用，其将进一步向金融租赁、教育培训、广告创意等领域渗透，并有可能逐步发展成为中国主流的商业模式。

在中国，分享经济刚刚起步，还面临不少挑战。分享经济要真正成为推动经济的新动力，还需要政府及社会各界的更大支持，我们也期待分享经济的时代早日到来。我一直相信，什么样的土壤培育出什么样的庄稼。中国分享经济的发展道路还很漫长，在这个过程中，我们要做的就是努力为其生长提供更好的土壤，这样才能尝试培育出更好的庄稼。

1.3　模式解析：分享和共享

分享经济一词翻译自英语词汇 Sharing Economy，这个词同样也可以翻译为"共享经济"。因此，在很多人眼中，分享经济就等同于共享经济，市场上对于这两个概念也没有特别明显的区分。在一般情况下，两者也确实可以通用，不过，两者还是有所差异的。

共享经济的本质就是租赁经济。共享经济的物权拥有者和使用者并不是同一个人。以共享单车为例，其运营模式是由商家统一购买大批量单车，然后再租赁给 C 端用户。这里，单车的拥有者是平台，使用者是用户。而分享经济的基本理念是"使用权与所有权合一"，物权拥有者和使用者是同一个人，其交易模式是个人对个人交易。举个简单的例子，顺风车就是车主们在从 a 地开往 b 地的过程中，将自己的车和时间分享给有同样目的地出行需求的人。车是车主本人的，使用权也是车主本人的，而车主为同行者付出的边际成本趋近于零。这才是分享模式下的分享经济。

斯维登置业的模式中既有共享经济，也有分享经济，斯维登从业主手中把房源租过来再租给消费者属于共享经济，这种模式有些类似于传统意义上的二房东，包租房源后按天出租。而旅游地产投资业主在自己不住房子的时间段里，将房源交给斯维登管理，由斯维登将其出租给客人，就属于分享经济。

比如说，你在三亚有一套房子，一年只住两个月，其他时间由斯维登帮助你打理和进行出租。这样，对于租房用户而言，斯维登充当的就是旅馆的角色，但是房源却并不是斯维登的，斯维登甚至不需要提前支付租金。从房主的角度说，他们可以利用房屋闲置时间获取一些额外的收益，实现房屋价值的最大化，因此租金也往往比较低，其资本逻辑与过去相比就存在着较大的区别。

这其中有个关键点："两个月"是个假设，可以是两个月，也可以是两天。总而言之，这是弹性的、随意的、碎片化的。与常规的将房子租给管理公司，每年固定有多少天归房东使用相比，这种商业模式的逻辑完全不同。

总体来看，共享经济需要企业承担产品、运营等所有成本，成本较高；而分享经济则是由物主提供产品，企业只负责运营，边际成本趋近于零。无论是共享经济还是分享经济，要想真正做好，都不是一件容易的事情。我在对我女儿进行就业指导时，曾经告诉她，在她面前有三条路可以选择：第一条，打工挣钱；第二条，开公司挣钱；第三条，创业。我女儿非常疑惑地问我："这不就是两条路吗？"错！挣钱和创业完全不同。在很多人眼中，开一家公司就是创业，其实真正意义上的创业应该是创造新事物，在原来零的基础上创造一个新行业才是创业。因此，我认为对于创业者而言，分享经济是一个非常不错的创业机会，因为边际成本趋近于零。所以，分享经济的效益和利润会更高，如果我们能够将分享经济模式有效运用在产业中，就极有可能成就一个非常了不起的产业。

共享经济商业模式最关键的要素就是流量和资源；但分享经济不同，其更强调互动和碎片的整合。

给大家讲一个真实的故事：

在海南三亚亚龙湾有一栋别墅，别墅的男主人是一位来自欧洲的建筑设计师，他们非常用心地为房子进行设计，包括设计游泳池、建筑风格、装饰等。这栋房子最初是由家里老人打理，夫妻二人偶尔会回来居住一段时间。他们把房子托管给我们之后，我们把房子收拾得特别干净整洁，并且在其闲置时间内将其分享给其他有需要的客人。一年之后，夫妻俩偶然看了客人的点评，觉得非常惊讶，很多很多的人留下了他们入住后的体验及赞美。由此夫妻俩非常高兴，不仅有了不少的收益，房子也得到了很好的保养，老人也不再为此操心，更重要的是他们当初的设计被租客认可、欣赏。

纵观现阶段的创业市场，共享经济还是占据了绝大多数，共享经济能够大行其道，一定有其背后的逻辑。但是我相信，未来分享经济的发展空间将会更大，在我有生之年，应该有机会能够看见分享经济红遍大江南北。

当然，这并不是一蹴而就的事情，就像百货店被超市冲击，超市又被其他业态冲击，每一次业态的替换都会产生长久的阵痛。所以分享经济的发展也将是一个螺旋上升的过程，可能是上升一点，又原地盘旋，再上升一点。说到底，这是一场循序渐进的行业革命，而不是对于现有经济业态暴风骤雨式的冲击。

1.4　机遇与挑战：探索中的不断升级

著名趋势学家杰里米·里夫金（Jeremy Rifkin）先生曾经在其著作《零边际成本社会》中说过，未来三十年之内，将会发生两件大事。

第一件，物联网将会取代互联网，万物互联将成为现实；

第二件，零边际成本将共享经济推上世界经济的大舞台。

分享经济是一种经济模式，有别于变换经济模式，分享经济的边际成本趋近于零，基于这种经济模式，我们可以衍生出许多新的商业模式，于是我们看到了滴滴，看到了斯维登。从无人认知到风口，分享经济的快速发展为推动我国经济社会转型、培育发展新动能等方面提供了有力的支撑，为推动我国企业实现国际化提供了重大机遇。毫不夸张地说，分享经济正在改变中国。

未来，分享经济在我国的发展将主要呈现以下两个趋势（图 1-5）：

图1-5　分享经济发展的两个重要趋势

1. 与实体经济加速融合

我国正处于经济结构转型升级的关键时期，在国家的大力扶持之下，相信在未来的一段时间里，分享经济将仍然处于高速发展状态，其与实体经济的融合进程将不断加快。

从广度上来看，分享经济将继续扩大到各个细分领域，相信未来几年，在衣、食、住、行、金融、知识技能等领域将会出现越来越多的分享创新平台；从深度上来看，分享经济将越来越多地融入产品研发、生产、销售、服务等各个环节，改变传统的产品生产和销售模式。

2. 重塑就业形态

分享经济这一新型经济模式重塑了社会分工，改变了传统的就业模式，相信未来它将孕育出许多的新型就业形态，极大地增加灵活就业岗位。2020年3月国家信息中心分享经济研究中心发布的《中国共享经济发展报告（2020）》显示，2019年，共享经济在稳定就业方面发挥了积极作用。报告还显示，2019年，在整体就业形式较严峻的情况下，共享经济领域就业仍然保持着较快的增长，参与者人数达到了近8亿人，平台员工人员多达623万，比上一年增长4.2%。

此外，报告还显示，2019年，共享住宿、共享出行、外卖餐饮等领域的共享经济新业态在行业中的占比和2016年相比，分别提高了3.8个、20.5个和7.8个百分点，分别达到了7.3%、37.1%、12.4%。这进一步说明，共享经济在推动服务业结构优化、促进消费方式转型等方面发挥了非常明显的作用。

作为一种全新的经济模式，分享经济的未来走向是规模不断扩大、价值不断提升、技术不断优化，同时，分享经济不断本地化，对我国经济起到有效的积极促进作用。从长远来看，分享经济革命总会到来，如果你有创业的想法，可以尝试在分享领域找到一条与垂直行业相结合的路。

任何创新都是从未知到已知的验证过程。 对于分享经济的创新来说，我们要找到理想和现实之间的平衡度，不可能有完全纯粹的分享，理想中的纯粹分享是每个人把自己的闲置时间、闲置物拿来分享，让社会资源更流通。但是在一个分享平台上，肯定会出现专职的从业者通过集中式的管理来获得更大利润，比如专职的专车司机、专职的房屋管理机构，这就会对创业者的综合平衡能力提出较高的考验。

机遇与挑战永远并存。 不可否认，分享经济在我国已经得到了市场的认可，并且我国的很多分享领域都已经处于领先地位，已经有一批分享经济先行企业成功走出国门，在国际上发挥着巨大的影响力。比如说，滴滴出行已经正式收购优步在中国的所有信息和数据，开始走向国际化。

随着互联网经济高速发展，互联网技术日臻完善，再加上传统交易模式的成本不断增加，分享经济注定会成为发展前景无限光明的商业模式。正如普华永道的相关报告预计，自 2015 年起，共享经济未来 10 年的营收将增长数十倍，还有全球范围内共享经济市场规模也将达到 3350 亿美元。这与传统租赁行业的市场规模不相上下。

但是，任何一种新业态的形成都不可能是一帆风顺的，都必须接受市场机遇的各种挑战，分享经济也不例外。个人认为，当前，在我国发展分享经济，最大的挑战主要体现在以下三个方面：

（1）诚信的环境。分享经济的兴起，是以用户消费观念的改变为前提，相对于所有权，人们越来越重视经济、便捷的使用权。但是任何一种消费观念与社会风气的更新换代都需要时间，长期以来形成的思维方式并不是一朝一夕就能得到改变的。就当前实际形势来看，分享经济的实行仍然面临很多困难，共享单车被私人上锁、顺风车司机未将乘客送到约定位置等事件时有发生，这些都是分享经济快速发展道路上的拦路虎。

分享需要诚信的环境，我们在享受分享经济给我们的生活、工作等带来便利的同时，也应该接受市场规则的约束，自觉规范自身行为。这样，分享经济就将拥有更好的发展土壤。

（2）管理的难度。分享经济注重对碎片化资源的整合，我认为，互联网的价值就体现在处理碎片化资源上，谁能够把碎片化资源整合在一起，谁未来的发展方向就最好。但是整合碎片化资源也存在一个较大的弊端，就是很难实现服务的标准化，为管理带来了较大的困难。

1）用户信息、财产安全管理。非标行业主要是碎片化运营，大多经营者都是小规模从业者，如何实现非标行业的标准化管理，保障用户信息、财产等方面安全，是一个极大的挑战。以住宿领域为例，就曾被爆出房间暗藏摄像头、客人遭受威胁等问题，这对用户的安全与消费体验造成了巨大伤害。

此外，还需要强调的是，分享经济需要大数据、信用体系的支持。企业在发展分享经济的过程中，不可避免地会获得和积累大量用户信息，这些信息的安全性直接关系用户切身利益。虽然当前在政策层面上，我国已经推出了一些与网络安全管理相关的法律法规，但是在实际执行过程中，还需要各方的共同配合。此外，随着各地政策相继出台，尽管还有不少问题有待于解决，但信息安全管理相比十年前已经成熟许多了。

2）物品所有者与经营者之间的管理难题。2020 年年底，因资金链断裂，蛋壳公寓没有向房东按时支付租金，在收不到钱的情况下，房东开始强行驱赶租户，由此与已经向蛋壳公寓交钱的租户发生冲突。

该事件虽是个例，却反映出一个分享行业所面临的重要挑战：物品所有者与经营者之间的管理难题。对于物品所有者而言，将自己的物品交给分享企业去经营本身就是一个存在风险的事情。如何将物品所有者所面临的风险降到最低，搭建完善的合作共赢关系，也是影响分享经济发展的重要难题。包括处理经营者在经营过程中隐瞒经营收入以及房屋设备的非合理性损伤等问题。

3）人员管理。企业发展最根本的问题还是人，所以对于任何企业而言，人员管理都是一个重要的问题，特别是当企业发展到一定规模以后，如果不能做好人员管理，那么企业将会面临巨大的挑战。任何创新，都是要靠人来实行。在一个不太成熟的行业里，你没有办法像酒店这种传统行业那样，随时找到适用人才，打造可以复制的人才培训体系，实现快速复制开店。因此分享企业在注重用户管理的同时，也必须要做好内部人员管理，以完善的系统化、标准化的流程来规范员工行为。

（3）《中华人民共和国民法典》物权编。《中华人民共和国民法典》物权编是我国为了维护国家基本经济制度以及社会主义市场经济秩序，针对物品归属问题所制定的一项法律法规。从根本上来说，《中华人民共和国民法典》物权编的实施，为人民物品权益提供了有效保障。分享经济模式的发展，在有效实现资源价值最大化的同时，也为人们的物权保护带来新的挑战。

以我所在住宿分享领域为例，比如一位用户想要将自己的房子分享出去，但是其邻居认为租户更换过于频繁，人员不稳定，对其安全造成了一定威胁，所以，其极有可能对用户的分享行为提出反对意见。当前，一些城市对于住宅类房屋的租赁已经提出了明确规定：禁止短租。

不可否认，分享经济模式在一定程度上使人们模糊了"拥有"和"占有"的界限，这就造成了物品使用安全隐患，给侵权管理带来一定难度。同时，在某些方面法律规定也相对模糊，使得很多侵权行为难以认定，比如短视频是否为侵权行为客体，并且，即使是一些已经确定的侵权行为，在取证和追责上也存在着极大的难度。这些都是制约分享经济发展的重要因素。

除此之外，分享经济的快速发展也对我国经济管理制度、政策框架等各个方面都提出了新的要求。同时，随着市场的不断拓展，分享企业必将面对不同地区、不同文化、不同用户习惯带来的巨大挑战。斯维登之所以能够取得一定的成绩，其中一个非常重要的原因就是我们做到了本地化，针对不同类型的物业管理、不同地区的风土人情，我们采取了差异化的运营策略。

尽管当前分享经济这种经济模式还未完全发展成熟，但我仍然看到了未来的希望，而斯维登也正在通过自身的差异化的产品体验与标准化管理，推动分享住宿产业的良性发展。我认为当前住宿分享的现实意义，就是带着一颗分享的心来体验美好的事物。

可以肯定的是，在未来几年中，我国分享经济仍将处于调整发展状态，在其成长道路上，还会面临各种各样的难题。但是从整体上来看，分享经济能够使经济活动的各个领域的成本趋近于零，实现资源利用方式的重大变革，因此，困难是阶段性的，但是机遇却是历史性的。

第 2 章

五维分享经济理论

分享无处不在。从整体发展形式上来看，分享经济正在从基于有形的实物资源的分享向基于无形的知识和技能的分享转变。回顾斯维登的发展历程，我们经历了分享闲置物品、分享二次闲置库存、分享异业合作、分享用户购物平台、分享美好时光五个阶段。每个阶段都有自己的特点，我将其总结为"斯维登五维分享经济理论"，希望能够给大家带来一些启示。在这个时代中创业，靠的从来不是体力和运气，更多的是思维方式的改变和对未来的思考。我坚信，只要你保持开放的心态和敏锐的思维，就一定能够在创业赛道上取得理想的成绩。

2.1　把闲置物品分享给需要的人

我的一个朋友在一次搬家后和我大倒苦水：

实在是太累了，东西太多了，整理出来很多东西平时都用不上，但是扔了又很可惜。孩子不常玩的玩具就有两大箱，好多根本没有玩过几次就不喜欢了，最后送了很多给小区保洁阿姨。因为阿姨不方便拿，特意给阿姨送到了家里。结果很尴尬，还没走远就听到阿姨儿子在大吼阿姨："什么破烂都往家里拿，家里都没地方了！"

这听起来是一个比较令人尴尬的故事，但是这也从侧面反映出一个当前许多人都存在的困扰——闲置物品的处理。在经济高速发展的今天，人们的消费水平与消费欲望都在不断增长，随之而来的是大量闲置物品的产生，比如旧手机、旧衣服、旧家电……这些物品的处理成为一个难题：扔掉浪费，留着还用不上，白占空间。我问你："如果有一种方式，能够让你将这些物品分享给有需要的人，并且还能获得一定收益，你是否愿意？"

我想答案一定是肯定的。现在市场上有很多闲置物品分享平台，比如淘宝推出的二手交易应用程序（Application，简称 App）"闲鱼"，二手图书网站"多抓鱼"，回收手机的平台"回收宝"等。通过这些平台，用户可以将闲置物品有偿分享给其他有需求的人，让其他人以经济实惠的价格使用产品。基于用户对闲置物品的处理需求以及对于高性价比产品的追求，这些闲置物品买卖平台很快便获得了市场认可。闲鱼相关负责人就曾经公开表示，每天在闲鱼分享闲置物品的人超过百万。由此，我们不难看到闲置物品分享背后巨大的市场。

2011 年 8 月，我穿着 T 恤、短裤来到三亚开始再次创业。当时我发现三亚有不计其数的民宿客栈经营者，他们的做法是花钱向业主租一个房子，然后进行简单改造，比如将三室两厅切成五个房间，再对外进行出租，一个房间大约 300 元 / 晚，旺季的时候可能会达到 900 元 / 晚。一个房子一年下来可以赚 1 万元，找10 个这样的业主就能赚到 10 万元，这就是租赁经济，也是共享经济。如果当时我也选择这个逻辑去做短租，那今天大家有可能会看到一个糟老头在三亚租了一些房，和一群二房东抢生意。

但我不是这样做的，我找了很多业主，对他们说："你将房子交给我，房租我不给您了，你不住的任何时间我帮你出租和打理，收入我们一人一半，所有的经营成本由我承担。当然没人来住我们就不分钱了。"结果这个想法一提出来，有些业主们就把我当成了一个骗子："房子给你了，我还有可能拿不到房租，这怎么能行？"所以最初我的业务谈得非常艰难。

幸运的是，最终还是有一些业主选择相信我。我谈的第一个订单是一个总工程师，这是一位非常喜欢学习的老先生，他在三亚有两套空闲的小房子。在经过多次交流后，他最终选择相信我并将房子交给我打理。我是如何说服他的呢？道理非常简单，因为我的用户画像是对的。

老先生的房子是女儿买的，其目的就是希望房子增值，但是我们知道旅游地的房子增值比较困难。因为供求决定价格，所以我对老先生讲："既然短期内房子不能升值，而您时不时还要来住一段时间，空下的时间也没法出租，那么我们为什么不想办法将其进行合理利用呢？"在这个过程中，其实我只做了一件事情，就是对闲置资源的再利用，而这正是闲置物品分享的关键。

闲置物品分享的核心是：我不用了，可以先转让给你用。其本质是一种对闲置资源的重新利用行为。我们可以通过一个小故事把这个理论阐述得更清楚：

假如某一天中午，你花费 15 元买了个盒饭，结果这个盒饭很实惠、分量很足，你没有吃完，剩下的你正准备扔掉。这时有一个人走过来对你说："哥哥，能不能不要扔，把剩下的卖给我，我给你五块钱，还会把碗洗干净再还给你。"我相信你一定非常愿意。

故事虽然夸张，但却很清楚地解释了分享经济吸引人的模式亮点：当你将闲置物品分享给有需要的人时，就可以产生收益分成。吃剩下的盒饭、暂时不住的房子对于你来说其实是一种浪费，但是当它可以分享出去的时候，它就有了价值，这就是分享经济的意义。如果你能够将多余的时间和资源暂时分享给其他人使用，并从中获得利益，这时你的边际成本趋近于零。在这种模式下，任何生意都有可能创造出无限价值。

我曾经认真做过调研，结果发现在住宿领域，经济连锁酒店的房屋利用率必须要达到 90% 甚至是 95% 以上才能盈利。但旅游地住宿行业不同，只需要达到 70% 就可以取得较高的利润，而我们斯维登有可能只达到 50% 就可以活得不错。为什么？原因很简单，就是因为分享经济模式下我们不用向业主付房租，我们的边际成本低，房子有人住进来我们和业主各拿一半收益，没有人住进来我们也不需要向业主支付费用。

今天回过头看，斯维登的商业模式其实非常有趣。在一个大多数人都不理解分享经济的年代，我看到并坚信这个机会可以做大。对于未来，我也不知道这个产业会发展成什么样子，但是我很荣幸能够成为首批分享经济的受益人。我认为中国会因为互联网的发展而发展，但现在我们所在的住宿行业，很有可能因为分享经济而发展，使我们自己或者我们的后代因此而获益。

事实上，不仅仅是分享住宿领域，如果你肯用心，其实每个领域都可以实现与分享经济的有效结合。因为闲置物品无处不在，不只是房子、衣服、玩具、手机，甚至是劳动力、时间都可能存在闲置，重点是你要能够看到这些闲置物品背后的商机，设计出合理的商业模式。事实上，在国外，已经有很多创业者开始了对"分享经济 + 行业"的探索。

比如 Wag 就是一款非常有趣的互助遛狗 App。在 Wag 上你可以有两种身份：遛狗者或者狗主人。这两种身份可以任意切换。在 Wag 上，你可以把你的闲置时间分享出来，遛自家狗的同时给别人遛狗，还可以赚钱，这是一件非常有意义的事情。

再比如美国人工智能众包服务平台 Mighty AI（原 Spare5），平台的业务主要分为两个方面：第一个是技术数据即服务（Technical Data as a Service，TDaaS），即向全球各地的客户推广其数据服务，帮助客户处理数据，根据客户需求把非结构化数据分解成小任务；第二个是众包业务，平台把分解所得的小任务众包给它的注册用户，并通过报酬激励他们主动完成任务。这些任务非常简单，例如处理语言、解释图片、分解元素和标记关键词等。Mighty AI 这种众包方式具有很强的吸引力，因为人们用很少的时间完成简单的任务就能获得丰厚的报酬，因此能迅速完成任务，这样也推动了 Mighty AI 为客户处理数据的效率，产生了良性循环。Mighty AI 用实际行动告诉大家：你的闲置时间也非常值钱！

所以，只要你愿意，分享经济可以深入任何一个细分领域。我相信，未来 30 年之内，分享经济可能会改变每个行业，"分享经济 + 行业"将为我们带来更多颠覆式创新想象。

2.2 二次闲置库存分享，实现资源利用最大化

一直以来，库存量大、包袱重都是影响中国经济发展的重要问题。据相关报告显示，早在 1995 年，中国库存及闲置物资总量就已经超过 3 万亿元人民币，且仍在以每年 3%~5% 的速度递增，个别行业库存量过大的情况尤为突出。2021 年 1 月 11 日中国汽车流通协会发布的"汽车经销商库存"调查结果显示，2020 年 12 月中国汽车经销商库存水平仍然位于警戒线以上，其综合库存系数高达 1.80，相比去年同时期上升了 35.3%。而在茶叶方面，仅 2011 年至 2019 年几年的时间里，中国茶叶库存量便已经高达 212 万吨⋯⋯

由于信息不对称，生产过剩的产品无法实现销售，这使得许多企业因为找不到合适的渠道而面对大批"弃之不舍，食之无味"的库存商品不知所措。虽然库存的处理问题已经开始受到越来越多人的关注，2003 年时政府相关部门就曾经下发了《关于促进我国旧货行业发展的意见》，以义乌为代表的很多地方都已经陆续出现一些专门经营库存货物的企业，但这还远远不够。在库存产品处理这一领域，我国还需要更多的创业者与企业进入。

那么，到底应该如何成功盘活库存，实现资源利用的最大化呢？在我看来，分享理念是盘活库存的不二法门。

以中国的房地产市场为例，国家统计局数据显示，2020 年年底我国待售商品房面积为 49850 万平方米，比上一年底增长

了 29 万平方米，房地产行业市场库存形势依然严峻。而这些还仅仅是表面上的库存。从广义上来看，即使产品被销售出去，到达用户手中没有被利用的产品也可以被称作库存，比如大量已经被卖出去，但仍然空关的房子同样也算是库存。毕竟房子是用来居住的，所以这些闲置状态下的产品我们可以将其称作为二次闲置库存。

如何快速去除这些库存？如果我们按照分享经济思维去思考，至少可以从两个方面进行：

1. 分享经济平台与开发商合作

我讲一个自己的亲身经历：有一年我在海南看到一个非常不错的房子，开发商承诺可以给我最大的优惠，这个原价 120 万元的房子，我只需花费 100 万元就可以拿到手，我决定买下来。可是当我满心欢喜地将这件事情告诉我的太太后，我的太太只问了我两个问题："谁替你管？房屋总价 100 万元，一年 10% 的资金占有成本，也就是 10 万元，而你一年最多有 5 天待在那里，等于一天花费就高达 2 万元，你为什么要这样做？"太太的话让我犹豫了，并重新思考了决定。

从另外一个角度来看，如果当时开发商提供一个闲时房屋托管的方案，或许我的决定就会完全不一样。

所以在确定商业模式时，斯维登不仅可以从个人对个人（peer

to peer，简称 P2P）的角度考虑分享经济，还可以考虑和一级市场开发企业合作，让房地产开发企业直接告诉用户：你花费 100 万在海南买房子，有住宿需求的时候你可以随时来住，不住的时候我可以替你经营，产生的收益我们平分。这样，一方面可以使房屋拥有者打消房屋闲置成本过高的顾虑，提高房地产开发企业的成交率，帮助其改变不动产的销售模式；另一方面也为斯维登很好地解决了房源问题。

该模式在一级市场推出之后，反响极为强烈。这 10 年来，和斯维登建立合作关系的开发项目超过 1500 个，并且全部完成。目前还有几千个项目与我们的合作正在接洽中。

其实，这个模式刚推出时也有很多开发商对我们并没有信心。比如我们当初在厦门的一个项目，这个项目当时计划开盘的楼盘有六栋。但开始开发商只同意先拿其中一栋和我们合作，其他的正常销售。于是我们给这个项目的置业顾问进行了全面的培训，项目开盘当天我亲自到场，再次给置业顾问们讲了一些要点，并进行了简单测试，以确保他们能够做到"三到位"：材料到位、宣传到位、业主沟通到位。事实证明，我们的这种"管理＋托管"模式非常受欢迎。项目开盘后不久，几乎大部分人都被我们的服务模式所吸引，由我们服务的这栋楼很快便售罄，开发商也迅速提出再拿第二栋楼与我们合作。就这样，该项目的六栋楼全部与我们合作了，共 1400 多套房子，该项目当天实现目标。当然，开发商也非常高兴，该项目也成为当年的行业标杆。

从用户角度来看，在大多数人的传统思维中，置办房产以后，资产增值似乎是实现盈利的唯一途径，特别是旅游地等投资性地产，而一旦这些房产有了可经营性的切入口以后，整个行业都有可能因此而被颠覆。

2. 碎片时间的分享及交换

分享经济平台有效地将房屋主人、一级开发商以及用户联系在一起，满足各类用户住房需求，使长期闲置的房子得以盘活，实现了真正的"去库存"。

大致模式是这样的：业主有一套房子，自己平时住的时候比较少，业主自己住的时候，斯维登管理房子；业主的朋友来住，斯维登也管理房子；业主和朋友都不住的时候，斯维登安排别人来住，获取的利益与业主平分；如果业主再给斯维登一些管理费，斯维登可以帮忙进行住宿交换。这样，房子的使用效率和出租回报都是最高的，解决了供给侧最大的痛点。

从用户端来看，用户具有节假日外出旅行、工作调动、外出求学等各种各样的住宿需求。基于这些特点，我对斯维登的商业模式也进行了分类，主要分成短租、长租、周边游以及度假4种模式（图2-1）。当然，无论用户的住宿目的是哪种、住宿时间长或短，性价比比酒店高是核心需求。

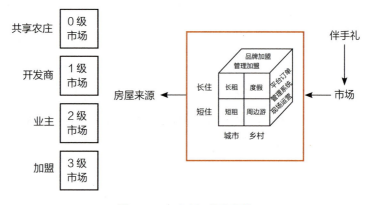

图2-1　不动产运营产业链

除此之外，基于分享理念，斯维登还创造性地开展了"交换旅居"的新模式。在"交换入住"体系下，业主既可以选择将自己房屋的空闲时间分享出去以获得利益，还可以选择与全国280多个目的地、超过60000套的公寓和别墅房源进行交换。比如说，你在南京有一套房子，你想去海南旅游，就可以将南京这套房子的闲置时间拿出来进行分享交换，以获得在海南房子的居住权。真正做到"一处置业，处处有家"。

这里给大家举一个具体的案例，你一个人在北京工作，为了工作方便，你在单位附近租了一套两居室的房子，后来因为工作需要你要去广州出差半年左右。这时你是不是会非常为难。因为北京的房子如果要退租或者出租的话，涉及很多问题，比如房子中的很多行李并没有办法一下子都带到广州，而且每隔一段时间你还需要来北京的单位总部汇报，也需要在北京有一个落脚点。更重要的是，如果退租你不确定半年后回到北京还能不能找到如此合心意的房子。但如果不退掉，你在广州的这半年时间北京的房子是闲置的，租金还要照付，而且你在广州也同样需要租房子，相当于你要承担两份房租。

这时交换旅居的方式，就可以非常好地解决你的问题，你将北京的房子交给斯维登，以短租的方式出租出去，换取在广州价位相等的一个房子，自己的私人物品就锁在固定的柜子里还留在北京，回北京时还可以继续居住。

这就真正做到了闲置物品的分享。由此案例我们可以看出，分享经济可以有效降低旅游地产空置率，而且可以实现多方共赢。

我一直在强调，分享不是共享，大众所熟知的"共享单车""共享雨伞"等都不能称之为"分享"。因为他们都需要投入大量的成本来打造单车、雨伞等产品，企业是产品的所有者。这样的"分享"是典型的增量共享，而真正意义上的分享不应该建立在创造新产品的基础之上，而是要更多地在存量资源上做文章，有效盘活闲置库存，实现资源利用的最大化，在此基础上发展起来的分享商业模式，才更具有生命力。所以，未来分享经济的发展更多的应该是探寻如何在存量市场中提高资源利用率，在分享经济影响下，每一种闲置库存资源都有变现的机会。

2.3 产品创新融合，异业合作共赢

在移动互联网的冲击之下，新的事物与商业模式不断涌现，市场竞争也在不断加剧。在这个竞争与合作并重的时代，企业要想解决资源短缺、获客成本高等难题，就必须要努力拓宽营销渠道，打破渠道边界，多尝试抱团取暖。在这样的社会背景下，异业合作就成了一条值得借鉴的发展策略。

那么，究竟什么是异业合作？我们可以举这样一个例子：

周末，你和妻子去商场购物，当你们在一家服装店购买衣服之后，导购员告诉你们拿着购物小票可以去一楼电梯旁边某家珠宝店免费领取礼品。当你们到了珠宝店之后，这里的店员表示，你们不仅可以免费领取一个小吊坠，凭小票购物还可以获得减免 100元的优惠。而店里正好在搞特价促销活动，多种款式的银项链都只需要 180 元一条，拿小票换购后相当于只需要 80 元一条。你的妻子一看，项链很漂亮，价格也很实惠，就这样，本来只想买衣服的你们，又购买了一条项链。

这里，服装店与珠宝店所采用的这种合作模式就是异业合作。在这个过程中，免费的小吊坠就是引流产品，其主要目的就是将服装店的用户吸引到珠宝店中。异业合作的核心就是通过一些创新性策略，让两个及以上原本毫不相干的行业相互融合、

相互渗透，共同分享市场资源，使得合作的每一个品牌都能从中获利。

　　总结来看，我们可以用一句话对异业合作进行概括：不同行业之间的取长补短和强强联合。具体我们可以通过一个公式来体现：

异业合作 = 取长补短 + 强强联合

　　异业合作优势也非常明显：成本低、效率高、可以有效提升竞争实力。异业合作可以借助合作方的优势，实现品牌传播、售后服务等多方面的资源共享，使企业在不增加市场营销投入的基础上实现用户增长，且品牌协同效应能够更好地激发用户的消费热情，充分抢夺各自行业的市场份额。

　　俗话说："三个臭皮匠，顶个诸葛亮。"在市场环境愈加复杂多变的今天，异业合作这种资源共享和整合集体智慧的作战方式正在成为越来越多具有远见卓识商家的共识，市场上的成功案例也是数不胜数，比如小米公司联手可口可乐跨界营销，陆金所与杜蕾斯联手打造出一款款超高收益产品……

　　提到异业合作战略，中国联通可以称得上是经验丰富的高手。它很早就敏锐地察觉到异业合作的优势，将目光对准了终端厂商，将自己的系统接入合作厂商的专卖店、手机专柜，大力发展合约用户，实现用户数量的有效提升。

当异业合作成为今日市场上的一种潮流，分享就成了一种必然趋势。从某种程度上来看，我认为异业合作就是分享经济中的一种表现形式。那么，对于异业合作分享，我们应该注意哪些事情呢？其实，从上面对异业合作概念的描述中，我们可以提炼出三个关键词：两个及以上行业、毫不相干的行业、分享市场资源。

1. 两个及以上行业

异业合作绝不仅仅局限于两个行业或者两个企业之间的合作，只要策略得当，我们可以让许多行业和企业都共同参与其中，实现多方共赢。

比如说，斯维登就曾经针对旅行人群的睡眠问题，联合蜗牛睡眠（手机 App 运营商）、富伦谷酒庄以及雷纳多弥香（日化用品生产商），在 19 个城市共同打造了 300 间"旅行好眠屋"，将安睡智能枕、睡前助眠红酒以及香氛巧妙地结合在一起，为用户打造一个良好的睡眠空间（图 2-2）。就斯维登而言，该活动更多、更好地满足了用户需求，给用户创造了良好的体验。从我们的合作伙伴的角度来看，活动不仅使其产品——枕头、红酒、香氛的销量得到了显著提升，更重要的是为其打开了多条品牌传播的新渠道，更好地实现了品牌传播。可以说，这是一件四方共赢的事情。

图2-2　旅行好眠屋

2. 毫不相干的行业

有一次，我的一个做餐饮的朋友找到我，和我说他最近正在考虑开展一条新的业务线。他的企业规模比较大，拥有自己的中央厨房和比较完善的食品原料供应链，而且做得非常不错。因此他想将这部分业务更好地加以利用，和社区商超合作建立异业合作，采取社群运营模式。但是他目前还存在一些困惑，比如不知道这种合作模式是否可行，合作以后利润分配如何合理安排。

我告诉他，利润分配倒是一件比较简单的事情，因为只要有账，就总能算明白。最主要的问题是双方的这种合作会不会给自己带来潜在危害，有没有可能出现"教会徒弟，饿死师父"的局面。所以，他首先要对自己以及社区商超的定位进行考察，如果他与对方的定位非常接近，那么他就要慎重了。

所谓"异业"，其实是一个相对于"同业"的概念，意思是"不同的行业"。异业合作意味着需要打破传统的营销思维模式，与非业内的合作伙伴建立合作关系，以最大程度发挥不同类别企业的协同效应，确保每个合作伙伴都能从中获利。所以，在合作之前必须要考察清楚合作对象的用户群体是否相同，是否存在竞争关系，以最大程度保证合作的成功率。

斯维登就曾经广泛拓展业务范围，与出行、餐饮、游乐、社群等诸多行业实现跨界合作，携手蜗牛睡眠、酷狗音乐、凹凸租车、墨迹天气、创业黑马等为用户打造一站式旅行住宿体验，从而实现精准用户的"流量互换"，大大提升了合作各方的品牌价值（图2-3）。

图2-3　不同行业之间合作赋能

3. 分享市场资源

异业合作的基础是要有分享意识，要心甘情愿地将自己的资源与合作伙伴进行分享，多方强强联合、优势互补，从而实现"1+1 > 2"的效果，这样的合作才能真正走得长远。而要想取得真正的优势互补的效果，除了要考虑清楚我们能从合作中得到什么之外，还要深入思考你能与大家分享的到底是什么，别人能够从你这里得到什么。

以上面我做餐饮的朋友所遇到的困惑为案例，我的朋友在确定自己与合作方的定位有所区别、二者不存在竞争关系后，他又面临一个新的难题：如何说服对方和自己合作？或者说如何和对方建立长期的、良好的合作关系？

这时候他必须明确几件事情：第一，他能够给社区商超提供什么，社区商超在这件事情上是否有利可图；第二，他所能给予的是否可以超越社区商超本身的期望值；第三，社区商超花费同样的时间、经历等成本做其他事情，有没有可能获得更高的收益？

实现共赢才是异业合作的最终目的，所以分享的前提一定是要确保每个合作者都有利可图，所以你一定要能够给予合作伙伴他们所需要的东西，这样的合作才能长久。在开展异业合作时，我们也一直在问自己：我们能够向对方分享什么？斯维登可以分享的只有房子吗？错，不仅仅是房子，还包含着以房子为基础衍生出来的各种生活场景。

2017 年 12 月，斯维登和极米投影合作，共同推出了"极米影视房"，并先后在大连、济南、海口、三亚、成都、重庆等热门城市，对 100 套住宿空间产品进行升级，完善房间场景，为用户提供极致的视听体验（图 2-4）。

图2-4 "极米影视房"实景图

传统的"飞机＋酒店"的旅游方式，已经越来越无法满足今天追求个性化的消费者的新型出行需求了。调查显示，越来越多的人开始希望自己能够拥有更加酷炫的出行方式，一场说走就走的旅行，一次心灵碰撞的欢聚是许多人的梦想。基于用户这种需求，2018年6月，斯维登携手凹凸租车开展了一场"山水房·车分享游"，结合两个品牌的自有渠道联合打造新的出行方式，带给大家一站式的全新旅行体验（图2-5）。

图2-5 "山水房·车分享游"实景图

2019年8月7日，七夕之际，斯维登旗下度假别墅品牌欢墅与酷狗音乐倾情牵手，在江浙沪地区热门旅行度假目的地浙江安吉，打造了一栋可以24小时欢唱的"音乐主题别墅"（图2-6）。通过音乐元素与民宿场景的深度融合，"欢墅·酷狗音乐主题别墅"将满足新消费时代用户个性化、多元化的体验需求，让音乐真正成为一种社交工具，为用户带来更具个性化的入住体验。

图2-6　"音乐主题别墅"打造及实景体验

除此之外，我们还曾经和爱奇艺合作打造七个主流影视主题房；和盛大龙之谷联手创建了游戏知识产权（IP）主题房……

总之，只要你保持开放、分享的心态，就什么都可以植入进去。当然，异业合作的合作伙伴与合作方案的确定，具体还要结合企业的实际情况、企业所处的发展阶段，这对于异业合作的目标是有不同要求的。

比如，斯维登很早就开始采取异业合作方式，在选择合作伙伴时，我们更多的是从共享品牌、流量、传播的势能等方面来进行考虑。而伴随企业的不断发展，从企业的整体发展战略上来看，我们更希望建立一个分享型生态。因此，在选择异业合作伙伴时，我们更多的是从我们的空间、体验上入手，希望能够通过跨界思维，打造出更多、更受用户喜爱的产品，建立全方位的"住宿+"场景。

任何业务的开展，都必须围绕企业的整体发展战略与长远发展目标进行，这样才能达到事半功倍的效果。此处提醒大家，在发展异业合作业务时，一定要注重发挥自己在市场上的核心能力，围绕自己的需求，有效植入合作伙伴的产品、服务，打造全新的体验形式，实现多方资源的真正融合与互补。

2.4 分享购物平台，用好线下流量

中国人有旅游购物的习惯和情怀，很多时候我们旅游买东西并不是为了自己使用，而是为了送人。在许多中国人眼中，所谓旅行其实就是去一个没有去过的地方游玩、拍照片、买礼品，回来之后整理照片并挨家挨户送礼品。那么，如果到一个地方旅行的时候，你看到一些好东西，想买下来却不方便携带怎么办？

有一次，我去四川阆中出差，看到当地生产的铁壶非常好，工艺很棒，价格也很优惠，但是由于个头比较大，携带不方便。如果直接和朋友要地址，朋友也不一定会给我，所以最终我放弃了将其当作礼物分享给朋友们的打算。通过这件事情，我开始思考，有没有一种可能：我扫描二维码付款，然后生成一个链接，由朋友自己填写地址，这样商家就可以自动将铁壶直接邮寄到朋友那里。

基于这种想法，我们后来推出了"途礼"电商平台。顾名思义，"途礼"就是指旅途中的礼品。通过途礼电商平台，用户只需要将

购买下来的礼品，以红包链接的形式发送给想要赠送的朋友，朋友自行填写地址就可以收到商家直接邮寄过来的礼品。

比如说，有一名旅客来到某个地方旅游，感觉当地的杨梅特别好，想分享给朋友，但又不方便携带。这时他就可以直接扫码购买后生成一个红包，并将其发给朋友，收到红包的朋友只需要点开红包输入自己的地址，就会收到商家直接发送给他的杨梅。获得杨梅的这个朋友，同样可以继续购买并将其分享给其他人。也就是说，即使不去那里旅游，也可以吃到那里正宗的杨梅。

这样既解决了礼品携带的不便，也解决了和朋友索要地址的尴尬，在尊重隐私的同时还实现了礼品的分享。从本质上来看，途礼的伴手礼二维码模式，其实是逆电商逻辑的。它不像电商那样先买流量，它是基于斯维登的住宿产品，用户到斯维登住宿，途礼就拥有了线下流量，接下来要做的只是引导用户扫描二维码将礼品送给别人就可以了。简单来说，电商的逻辑是用户在平台上主动搜索产品，而逆电商是用户的朋友通过平台或者工具将一些产品推送给用户，用户被动接受。互联网发展到今天，线上流量变得非常昂贵，因此懂得合理、有效地利用好线下流量也是一件非常重要的事情。

从传播形式上来看，途礼的第一阶段传播依赖住宿分享，第二阶段传播仍然主要依赖社交分享，因此我们仍然可以将其归类于社交电商。互联网最本质的功能就是连接，它打破时间、空间的限制，将每一个个体连接到一起，极大地降低了社交的难度，通过互联网每个人都可以轻松找到与自己有着相同爱好的人。社交难度的降低也在一定程度上激发了人们的社交欲望，体现在购物领域，就是相比于以往的单纯的物质需求，当前人们在购物过程中越来越看中产品的社交属性。这就推动了社交电商的兴起，以社交为核心的拼团、砍价模式开始被大众所熟知。

在分享经济和社交化电子商务模式相结合的过程中，"分享"是非常重要的流量收集渠道，而要想利用社交电商模式来实现分享裂变，我认为应该重点考虑以下两个方面：

1. 搭建社交关系链

任何分享都离不开人与人之间的社交，良好的社交关系链是分享裂变成功的基础，因此要想借助社交电商模式来实现分享裂变，就一定要找准社交关系链。

每个人都有自己的社交圈子，比如上个案例中，那个在旅游地品尝杨梅的客人，其有可能通过途礼将杨梅赠送给五个好友，这五个好友就是本次分享裂变中的基础社交关系链。如果这五个好友每个人都再各自分享给五个好友……如此循环，一个强大的社交关系网就逐步建立起来，这就是裂变。

再给大家分享一个具体的案例，一次出差，飞机上坐在我隔壁座位的是一个非常年轻的小伙子，刚刚毕业两年，攀谈过程中他告诉我，他手上现在有一个几万人的团队。当时我非常不以为然，认为这么年轻就能够有如此成绩肯定是依靠家里，估计是个"富二代"。但是他告诉我他的家庭条件并不好，所以刚上大学时他就开始寻找副业，一个偶然的机会让他接触到了社交电商，交易模式非常简单，就是以低价从上一级卖家中批发产品，然后再销售出去，可以零售，也可以以一个优惠的价格再批发给下一级买家。

当时社交电商刚兴起不久，小伙子平时朋友也很多，他通过发布一些广告信息，将对其产品有兴趣的朋友都聚集到一起，建立一个群，每天在群中答疑，进行一些针对性推广，很快就吸引很多人加入他的团队。就这样，他的团队越来越大，经过五年的发展，已经多达三万人。

所以除了依赖于基础社交关系链，我们还可以尝试通过社群将一群有相同爱好的人聚集在一起，然后在群里进行针对性分享，这样无疑能够加快分享传播的裂变速度。

2. 设计裂变机制

良好的裂变机制是裂变成功的关键所在。不同于传统广告对于产品的灌输式宣传，分享裂变更多的是建立在自愿的基础之上，因此通过社交电商实现分享裂变的前提就是要建立信任背书。

　　途礼为什么能够迅速获得用户的认可？我认为很大一部分原因在于途礼最早的礼品分享者在礼品当地亲自体验过，在一定程度上，产品的来源和品质都得到了有效保障，有效解决了人们网购假货较多、真假难以辨识、口味品质难以保证的痛点。因此，相比普通电商，途礼更容易建立用户与商家之间的信任关系。

　　除了建立在信任关系的基础上，裂变机制的设定还遵循一个原则：要让分享者与被分享者都能够有所收益。无论是精神上，还是物质上，都必须要让双方都得到好处。

　　从分享者角度而言，途礼有效帮助外出旅游用户解决了送礼难的问题，给他和朋友一同分享旅游的快乐提供了一个切实的通道；从被分享者角度来看，收到礼物本身就是一件非常快乐的事情，而且如果一个人在旅游时能够想着为你带礼品，那么就说明你在这个人心目中有着非常重要的地位，这份被重视感有时候比礼物本身更让人激动。同时，也很容易激发其炫耀心理："这个杨梅很好吃，我朋友送给我的，你也可以尝一下。"由此促使二次分享传播。

　　设定一定的收益和规则，可以更好地激发用户的分享传播欲望，从而实现分享的进一步裂变。

　　分享经济时代，分享无处不在。分享经济既可以实现对闲置资源的充分利用，也能够将熟人之间的分享关系成功扩大到陌生人群体，在这个过程中，每个人都可以是分享者，都可以同时充当消费者和生产者，而社交活动就是分享裂变的最佳途径。

当用户在消费过程中愿意主动将产品信息传递给他人时，就完成了一次分享，作为企业，我们应该珍惜每一个可以把用户转化成分享者的机会，让更多的人加入分享的行列中来。在这个社交时代，虽然每个用户本身的影响力有限，但是每一个用户都有可能成为一个分享的节点，对身边其他用户产生影响，使分享沿着社交关系链持续下去。

2.5　一切美好时光都值得被分享

随着"拥有也是一种束缚""我的就是你的"的观念变得越来越普遍，人们对于分享开始有了进一步的思考：除了物质之外，还有哪些东西可以分享？怎样才能让人变得幸福？分享，其实是人的一种天性。美国著名人际关系学大师戴尔·卡耐基曾经在其作品《人性的弱点》中提到，每个人在内心深处都渴望被重视，这是人性的弱点。而这恰恰可以体现在"分享"二字中。互联网时代许多产品的诞生与流行都是基于人的这个弱点，比如微博、朋友圈、知乎、抖音等。

　　打开我们的微信朋友圈，每天都会有许多好友更新消息，晒娃的、晒美食的、晒心情的……从某种程度上来说，朋友圈就是一个信息分享平台，我们可以在这里和好友分享自己的点滴，也可以感受他人的喜、怒、哀、乐。

　　作为群居生物，人们需要通过信息表达、交换有无等方式来取得他人的关注和认可，并在这个过程中收获快乐。有一件礼服，将它分享出去，使用者穿上它光彩照人，倍受夸奖，这会让分享者也感受到快乐；有一个创意，将它分享出去，帮助别人解决了一些实际难题，这也会让分享者非常具有成就感……

　　我有一个从事法律方面工作的朋友，他的工作很忙，但无论多忙，他每天都会抽出一些时间在某平台上讲述一些法律常识，比如关于正当防卫的相关法律解读、新婚姻法房屋归属问题等。他还会就粉丝的一些疑问给出解答或建议。他说，每次看到用户反馈在他的帮助下解决了一些问题，看到用户的真诚感谢，都有一种"幸福感"油然而生。

　　所以，分享所获得的绝不仅仅是利益，分享也绝不单纯局限于物质上，精神也可以分享。我一直认为，分享经济的最大意义不仅仅在于可以实现闲置资源的最大化，还在于能够将自己的快乐分享出去，并在分享中获得更多的快乐。分享本身就是一件利人利己的好事，通过分享，一个人的快乐可以变成一群人的快乐，用分享为身边的人创造价值，就是分享本身的最大价值。

进入分享住宿领域后，我一直在思考一个问题：当前我国酒店行业发展已经相对而言比较成熟，产品品类齐全，与之相比，民宿的优势在哪里？是性价比、人文特色，还是新奇？归根结底，最关键的还是内容体验，客人希望能够通过民宿感受本土特色，留下快乐的回忆。体验、分享不止于住，为此，斯维登重新对自己进行了定位——美好时光运营商，一切美好时光都值得被分享，这才是分享住宿真正的价值。

为此，我们也曾经做过很多尝试，比如推出"你有点子、我有房子"免费住活动：用户只需要登录斯维登小程序，将奇妙有趣的好创意上传，然后等待审核就可以。审核通过后，用户就可以免费入住我们的房子，但是他的这个创意也将被记录下来并且分享给他人，让他人体验活动的快乐。

在对点子进行审核时，我们评判的原则大致有三个：创意性、安全性以及可复制性。一旦这个点子被评判为可操作并适合推广，我们就会将其流程制作成标准作业程序（Standard Operation Procedure，SOP），并分发至各个门店，组织相应培训。永远不要低估用户的想象力，活动推出后，我们迅速收集到了大量的用户创意，比如宠物办婚礼、穿越回古代、生活品茗、生日女王、闺蜜睡衣派对、奶爸带娃的一天等诸多活动，都取得了非常好的反馈。

这其实有点像私房菜定制，用户提供菜谱，我们免费为用户提供场地和材料，甚至可以找到厨师帮用户进行烹饪，但是这道菜以后我们同样可以提供给别人。这个活动看起来是一次带有商业噱头味道的推销活动，但却是一次真正意义上的深层次"分享"：将闲置房子与用户的创意点子相结合，丰富入住场景，挖掘深层次的用户需求，创造快乐时刻，全民共享点子的美好时光。

我的初衷就是让用户的分享体验更加有内容，在传统的分享经济模式中，大家分享的只是房子、空间等，但是现在我们更加注重的是精神，是快乐活动。对于任何分享，用户独一无二的快乐体验都是最重要的。

其实只要用心，美好的事物无处不在，快乐也是时时可以分享。

我曾经在一个酒店参加过一个几百人的晚宴，晚宴进行过程中，突然一个外国厨师说他今天非常高兴，想要给大家唱首歌。令人没有想到的是，这名厨师唱得非常好，大家都被他的歌声所感染。厨师表示，他其实是一名歌唱演员，到中国是来流浪旅行的。之后，又有很多人陆续跳出来给大家表演节目，将整个晚宴氛围推向了高潮，在场的每一个人都非常兴奋。这是我人生中经历过的最棒的一次晚宴。

分享可以让更多美好的事物相互交融，美好幸福的人生，往往源自我们最真诚的分享。分享快乐活动不只局限于住宿领域，还可以扩大到各个行业，核心都是要能够为用户打造足够优质的体验。这就需要足够的创意来支撑，如果你的创意都无法让自己尖叫，那么一定不能分享给用户。

快乐需要分享，分享创造快乐。未来，我期望更多人能够体验到分享的快乐。斯维登要做的就是在拓展房源规模的基础上，努力提升用户的住宿体验，让民宿回归体验本质，让用户享受美好时光，在用户心中掀起一阵分享风暴。有笑声的房间才是家，所以斯维登所做的每一件事情，都紧紧围绕着一个目标：让每一个房间里都有温暖的灯光，让每一个房间里都有笑声，让这个世界变得更美好。

最后，需要提醒大家的是，五维分享经济理论是我根据斯维登的发展历程总结出来的，是一个阶段性的实践成果，只适用于分享住宿领域，如果应用到其他领域，可能需要进行一些适当的调整。所以，我希望大家不要去想如何复制斯维登集团的发展经历和商业模式，而是要思考如何在你的领域中做到与众不同，找到真正适合你自己的五维分享经济理论。

第 3 章

经济模式决定商业模式，
商业模式决定产品模式

任何一件事情的成功除了要有完整的业务逻辑或者场景逻辑外，还要有完整的商业逻辑。经济模式决定商业模式，商业模式决定产品模式。理解和运用分享经济模式要敢于尝试并能把握时机，要洞察市场需求并有清晰的用户画像，要平衡产品的个性和共性。更为关键的是，要搞清楚分享经济的商业逻辑。把商业逻辑想清楚之后，接下来要做的就是商业模式的升级。

3.1　基于经济模式的战略思维

有着"现代管理学之父"之称的彼得·德鲁克（Peter F.Drucker）曾经预言："21 世纪企业之间的竞争，已经不是产品和价格之间的竞争，甚至不是服务之间的竞争，而是商业模式之间的竞争。"由此可见，商业模式在这个时代中至关重要。

举一个很有意思的例子，众所周知，2020 年新冠肺炎疫情给民宿行业带来的影响堪称致命。2020 年 4 月斯维登对过去的 2 月、3 月整体的盈亏情况进行了计算，让我非常吃惊的是与上一年同期相比，我们的盈亏并没有太大的变化。原因在哪里？在于我们的商业模式，我们有很大比例的房源是按照收入分成的，我们只需要承担管理成本，并不需要提前支付房租，所以在没有收益的情况下，我们也不需要投入过多的成本，这便是模式的价值。

经济模式带来商业模式，商业模式带来产品模式（图 3-1）。分享经济作为新时代的新经济模式，边际成本趋近于零，将它应用到某一具体行业，便会形成新的商业模式。分享经济模式在住宿业变成商业模式以后，需要的支撑便是产品模式，比如我们有城市短租模式，有度假租赁模式等。

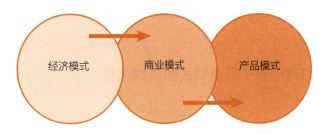

图3-1 基于经济模式的战略思维

1. 经济模式决定商业模式

什么是经济模式？理论上说，经济模式并不是凭空而有的，是一些经济学家从一些商业行为中发现、总结而来。简单来说，就是一些新的古怪的商业行为引起经济学家的关注，然后他们去进行深度挖掘，再通过一些经济学推导，总结出来的一种模式。其实，每一个行业都有一些底层的经济模式，只是并不是所有的经济模式都已经被人总结归纳出来，我最早创办途家和斯维登的时候，对于分享经济这个商业模式并不是十分了解，所以我最初设计商业模式的时候，并没有想到经济模式，我是从交易的本质、互利的本质去进行思考的。但是，这里说的"经济模式决定商业模式"，是指今天即使我罗军没有建立这个商业模式，明天"李军"也会提出一个类似的商业模式，这是由底层的经济模式所决定的。

所以，商业模式的设计原点就是经济模式的底层逻辑，这是这种经济模式在这个时代特别流行的原因。为什么 20 年前分享住宿的商业模式并没有出现？因为当时大家的房源不够，对分享的接受度也没有这么高，更重要的是当时也没有系统分配的原则，而碎片化资源的聚合和管理需要一个非常强大的计算系统来支持。所以伴随移动互联网等各种技术的发展和人们消费观念的改变，这个商业模式就自然而然地应运而生了。

举个简单的例子，2020 年新冠肺炎疫情符合病毒学传播原理。病毒学传播原理就相当于底层的经济模式，它决定了新冠肺炎疫情这一商业模式的产生。

如果按照传统包租模式，遇到疫情等突发意外，由于租金已经提前付给房东，房东损失并不大，但是运营者却要遭受重创。所以从本质上来看，这种模式并不合理，它需要运营者承担巨大的风险，而不合理的商业模式往往很难持续和有序地发展下去。经济模式其实解决的就是商业模式的合理性问题，如果经济模式不正确，再努力也是徒劳。很多商业模式之所以无法取得成功，就是因为它违背了经济规律并且经济模式不合理，所以从诞生的第一天起就已经注定会走向失败。

举一个具体的例子，中国旅游地的房屋租赁在斯维登之前基本上采用的都是包租模式，在行业中并不存在"管家＋托管"的商业逻辑，这是我们基于分享经济的经济模式设计出来的一种全新的商业模式。

我们再来看一个经济模式决定商业模式的案例——顺风车。很多打车软件在诞生之初，其实在运营原理上与传统的租车公司是相同的，只是将调度工具从电话变成了手机。而顺风车的诞生则使这种形式得到了本质改变，它是在分享经济模式下产生的一种分享出行方式，它带来的好处就是极大地提升车辆利用率、减少空车率，同时让人们的出行变得优惠又便宜。虽然顺风车这种拼车运营模式仍然存在很多弊端，比如乘车安全难以保障等，但是不可否认，和原有商业模式相比，这种商业模式资源利用率更高。

2. 商业模式设计要点

（1）实践可能性。在商业模式的设计过程中，最容易被人忽略的问题就是实践可能性，也就是说很多商业模式的设计都是由设计者主观意识产生，并没有考虑到真正的可实施性，将商业模式设计得过于复杂。过于复杂的商业模式很难让人理解，也很难具体实施，因此我们要尽可能让其变得简单明了，但凡不能很快说清楚的商业模式就是有问题的，给大家一个简单的判断标准：你拿你的商业模式去进行融资，和投资人一起坐电梯，从 1 楼到 10 楼，如果你不能在这段时间里将这个商业模式阐述清楚，那么你就要考虑重新设计了。

我们的商业模式就非常简单：你的房子买来自己住，多余的时间我们帮你经营，得了钱我们一人一半，管理成本全由我来承担。如果说你想住其他的房子，我可以和你进行交换，所以你买了一套房，理论上相当于是买了我们公司所有可交换的房子，而且房产的增值收益还是你的。

所以，商业模式的设计切记不能从主观意识出发，要充分考虑到其可实践性，商业模式设计要简单，关键指标要可以量化。所谓可以量化，就是可以用数据精确地描述出来，比如"你的房子收益我们各拿 50%，销售订单管理、线上管理等成本全由我负责。"如果这些数据不能量化，那么你就很难取得对方的信任，这个事情就很难执行成功。

除此之外，还需要注意任何商业模式的设计都不是一蹴而就的，都需要经过不断地雕琢、迭代。

（2）规模效率。商业模式设计还需要考虑规模效率，要考虑资源和成本的可复制性。大家问问自己：你的资源是不是只限于你所在的省份、城市，甚至市区？你如果要去扩张，去复制你的资源，有没有可复制性？有没有垄断性？也就是说，你有一个业主客户时收入与业主一人一半，这种模式到 5 万个业主客户时是否还适合？在三亚可行，以后发展到 100 个城市如何继续进行？

（3）盈利模式。商业模式设计还要构建优秀的盈利模式。所谓盈利模式，就是怎么踏踏实实地把钱挣到，把流量留下来，让用户消费，让用户重复地消费。

一般情况下，构建盈利模式需要考虑在最糟糕情况下，企业能够坚持多久？也就是要考虑商业模式的抗风险性。比如遇到某种突发情况，所有房间都没人住了，企业还可以坚持多久？如果你设计的是租赁经济模式，最糟糕的情况下，你要承担巨额的房租，很难维持下去。

除此之外，你同样需要考虑企业的规模效率、发展速度和成长周期如何。基本上我在设计盈利模式时，会计算单栋别墅是否能够盈利，我需要投入的成本是多少，收入多少。然后我再算这一个项目上有 12 栋别墅，把管理人员的薪酬算进去后是否能够盈利。最后再把所有的别墅全部放在一起，计算全国别墅类业务线是否能够盈利。如果这条业务线在不需配套的全国管理人员情况下可以盈利，这时我需要向前发展，研发人员和管理人员都要配套，在增加财务成本的情况下，这条业务线是否还能够继续实现盈利？这是按梯度考虑的盈利模式设计。

此外，盈利模式的设计还要考虑所谓的现金流盈利和实际盈利，因为很多费用是前期支出了，但是需要逐期分摊，除去这部分才是真正的利润。但是对于大多数创业公司而言，它们可能更加看重现金的进和出，就是现金流能不能为正。

假设第一年我在基础系统、人员等方面投入了 3000 万元，第二年收入 3000 万元、支出 2000 万元，我盈利了吗？没盈利。因为第一年投进去的费用如果是三年分摊的话，那么第二年我还要除去 1000 万元分摊成本。但是第二年现金流为正，这样其实解决了生存问题。

盈利模式的设计还要懂得按照业务的节奏来弹性管理调节成本，比如在淡季的时候就可以通过缩减人员等方式来实现成本控制。

（4）稳健又合理。在斯维登的"管家＋托管"的商业模式基础上，一些个体机构制定了新规则，他们承诺给予业主高回报，前提是必须由托管方装修、业主负担装修费，但装修费明显很高，理由是他们的装修很"专业"。而在实际经营中，机构很有可能无法兑现承诺，最后以解约收场。这样虽然业主扣下了经营押金，但损失了高额的装修成本，行业上俗称"爆雷"。

所以，商业模式要想长久，必须"稳健又合理"。

3. 产品模式设计要点

商业模式是一种商业行为，是客户有需求，企业提供一定的产品和服务对接客户的需求。所以产品模式一定是建立在商业模式之上，产品模式的设计要考虑你做谁的生意，顺着这个思路，再往下分析，了解你的客户的市场规模有多大，你的客户的核心痛点是什么，所以大家最好能用三五个维度去清晰地勾勒出你的目标客户的画像，沿着这个画像去深挖它的需求，把他的需求变成刚需。

假设说我们公司专门做夕阳红的产品，针对 50 ~ 60 岁中老年人群，那么我们的产品应该如何定位，是价格贵一点还是周期长一点？是给人一种比较偏高端的感觉，还是给人一种物美价廉的亲民感觉？

在产品模式的设计中，没有标准化就没有规模化，没有规模化就没有利润化。什么叫标准化？标准化的前提就是你能深刻洞察到用户的核心需求，然后针对它提供通用的产品和服务，有了标准化，我们才能形成规模化复制。

基本上所有产品模式的设定，都会遵循这样一个逻辑结构：市场分析——用户画像——定位——产品模式——组合及包装——传播——机会管理——用户体验——社群及会员。也就是说，我们首先要先根据市场调研等情况确定产品的消费场景，由此绘出用户画像，确定目标用户。在此基础上，再考虑产品的精准定位，并进行产品模式设计和内容包装。在这个过程中，要考虑生产的成本、规模以及时效，接下来考虑如何快速将产品推广到市场上去，考虑推广传播的时效性、方法、渠道、成本，进行机会管理，然后再考虑用户的体验如何，进行用户满意度管理以及会员的沉淀，实现产品的美誉度传播和再次升级（图3-2）。

产品的定位、规划设计、推广及组织实施

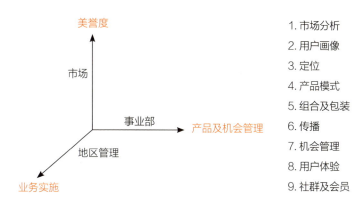

1. 市场分析
2. 用户画像
3. 定位
4. 产品模式
5. 组合及包装
6. 传播
7. 机会管理
8. 用户体验
9. 社群及会员

图3-2　产品模式设计九步曲

　　分享经济作为一个先进、科学的经济模式，如果能够加以准确理解并高效运用，将极大优化和升级你的商业模式。我认为未来 30 年之内，分享经济可能会改变每个行业，未来的经济模式和商业模式可能取代现在的模式，所以大家一定要思考如何利用分享经济模式去实现商业模式的创新和升华。

3.2　明确消费者的画像和感知度

　　进行产品模式设计要思考做谁的生意，也就是所面向的用户群体是谁。所以，认清行业的经济模式和商业模式，制定消费场景后，你接下来要做的就是用尽可能多的维度去勾勒出目标用户画像，然后沿着这个画像去深挖用户需求，把需求变成刚需。所有生意的成败，都与用户画像有关。任何变革和消费模式的升级一定是用户画像的升级。

什么是用户画像？用户画像就是从海量的用户数据中挖掘出真正有价值的信息，实现用户信息的标签化，即通过对用户社会属性、消费习惯、行为习惯等信息的收集和分析，精准提炼出用户群体的一些特征，比如年龄、地域、性别等（表 3-1）。

简单来说，用户画像是对目标用户的信息全貌进行抽象描述。比如女，30 岁，已婚未育，平均月收入 8000 元，美妆达人，喜欢探险、户外活动，这一系列的描述就是一个比较完整的用户画像。

表 3-1　常见用户标签

标签类别	标签内容
基本信息	性别、年龄、教育水平、职业、地域等
社会属性	家庭成员、婚否、有无孩子、社交情况等
消费习惯	收入情况、购买力水平、购买渠道偏好、购买频率等
行为习惯	兴趣爱好、产品偏好、品牌偏好、互动内容等

每个标签都对用户的某一维度信息进行了描述，这些高度精练的特征之间相互联系，构成一个整体，能够完美抽象出一个用户的信息全貌，为企业的用户研究提供足够的数据研究基础。

为什么要构建用户画像？这就要涉及一个老生常谈的问题：

你的企业或者产品诞生的核心目的是什么？任何一个产品或者企业，要想生存下来，要想取得用户、市场的认可，就必须要能够提供价值，也就是要能够为某一特定人群提供其所需要的服务，而构建用户画像的目的就是为了帮助你寻找到你的精准受众——也就是你所服务的目标人群。

在信息泛滥的今天，如何从海量信息中获取用户真正的个性化需求是每个创业者都需要思考的问题。建立用户画像，可以通过对用户的标签化处理，帮助我们精准掌握目标用户的核心信息，从而对用户进行一次有效的全方位剖析，这有助于开发合适的产品方向，让产品更加具有价值，抢先占据用户心智。所以，作为创业者，你一定要对自己所在的行业有宏观的洞察和深刻的认识，要对你的用户画像有足够准确的把握。

回归到斯维登所在的分享住宿领域，在进行用户画像分析时我的逻辑是利用竞争分析法去思考，我认为我们和传统酒店的根本区别主要体现在四个方面：多人、多天、个性化和高性价比。

1. 多人

即满足多人住在一个房子里的住宿需求。

举个简单的例子，家里老人过八十大寿，你有两个选择：第一，出去找个饭店，一家人一起吃个饭并为老人祝寿；第二，找一个别墅——当然是别人恰好闲置的别墅，里面有厨师做饭，还有游泳池、KTV 等设施，和家人一起在里面度过愉快的一天。哪一种听起来更温馨、有吸引力？相信大多数人的选择都是第二种，而传统酒店的产品设计并不能满足这种多人的住宿需求。

再比如你家里来了客人，但是你家并没有多余的卧室，安排其住酒店又显得有些生分，这个时候怎么办？你可以选择在同一个小区甚至同一个单元里找到一所房子，早上做好饭就可以让客人来家里享用。

所以，你的产品一定要能够为用户产生价值，所有的创新都要基于用户需求，而不是凭空想象。

2. 多天

用户在进行求医、求学、求职、商务异地出差时往往会产生多天的住宿需求。

比如一个"北漂"初来北京求职，可能需要一两个月时间才能找到一份合适的工作，这期间他需要一个落脚点，由于工作地点未定，所以并不适合选择年租房，长期住酒店不仅经济上很难承受，在饮食、洗衣等方面也会产生很多不便；再比如我们曾经做过简单调查，平均下来一个小孩在北京住院大概会有 1.82 个陪护人员，这些陪护人员需要一个距离医院近的住宿地点，住酒店不仅贵，而且很难满足用户制作鸡汤等营养食物的需求……

我们将这些特殊的住宿需求称之为过渡性住宿，这些住宿需求能产生正是源于当前用户独特的消费需求。

3. 个性化

我们在城市中的短租业务可以分为两种类型：功能型和体验型。这两种类型服务中都可以增加个性化设计。

功能型房屋的个性化设计就是为了满足用户的一些个性化功能需求，这里的个性化并不是指满足每个人的需求，而是满足某一类人的需求，比如说带两个孩子出来游玩的家庭可能会更需要二室一厅的居住环境。

再举个具体的例子，针对一些出差办公人员的办公需求，我们曾经专门推出了商务房，在这里有各种各样的插座，可以确保商务人员各种设备的充电需求。而为了方便用户办公，我们还对办公桌特别设计了可以升降的模式，并在办公桌上嵌入了 USB 音箱，使得用户在房间的任何一个角落都可以听到电话会议中的声音。同时，我们还在每个商务房里都配置了护眼灯……这些都是功能型房子的个性化设计。

其次，针对个性化人群的需要，我们还推出了许多体验型房屋。比如我们可以提供一个住宿地点，用户只能是白羊座，在这里不仅可以在晚上欣赏白羊星座，还可以获得一次与同是白羊座的人亲密接触的机会，交到更多白羊座的朋友，是不是很有趣？问大家一个问题：你们认为房子的主要用途是什么？相信很多人都会告诉我："是用来住的。"错！它不仅是用来住的，也可以是人们日常聚会、工作的地方。

举个例子，在成都有很多"私房菜馆"，它的经营模式很简单，就是在一个三房二厅的房间中放上几个餐桌，再邀请一个厨师为大家进行烹饪，菜品往往非常精致，环境也让人感觉非常舒服，私密性很强，这就是打造个性化体验。

这是个消费需求被彻底解放的时代，相比于传统酒店，民宿的调性更加契合消费者的个性化需求。针对用户的个性化需求，斯维登曾经设计了气泡屋、星空屋、游艇等各种类型的产品。

4. 高性价比

多人、多天以及个性化是我们通过对用户需求的分析而得出来的结论，除此之外，我们在提炼用户画像的时候，也可以从功能方面来了解。从我们的产品结构本身来看，我们住宿产品的主要特点就是空间大、性价比高。比如一般酒店都会有桑拿房、健身房、餐厅等一系列配套设施，但这些对于很多人来说并没有实际使用需求，所以很多时候这些资源其实是浪费的，而我们的住宿产品可能不含有这些配套设施，但是价格便宜，而且能够满足用户的住房需求。同时，由于采用了分享经济模式，我们获取房源的成本较低，所以在价格上具有较为明显的优势。

除此之外，由于我们的房屋是个人拥有，其主要用处是家居生活，所以相对于传统酒店，我们房屋的空间通常更大，房屋配套设施更为全面，可以居住的人也更多，因此对于用户而言，性价比自然更高。

多人、多天、个性化以及高性价比，这是分享经济在住宿领域里面发生的化学反应。从某种程度上来看，用户画像本身就带有较为明显的场景因素，不同行业需要了解的用户信息不同，对画像维度的需求也有所差别，因此我认为每个行业都应该有一套适合自己的用户画像构建方法。在创业伊始，你必须能够真正认识你所在的行业，并掌握用户画像的搭建方法。在具体实施过程中，我建议大家可以参考以下三个步骤（图 3-3）：

图3-3　用户画像分析三步曲

（1）第一步，做用户。很多人创业就像秀才一样纸上谈兵，每天坐在办公室里面，这是一个错误的做法。

用户画像分析的最终目的是方便我们更加深入地了解用户与产品互动时的心理，从而更好地理解用户的真实需求，并将需求变成刚需。而要想做到这一点，就必须亲自去体验。人是一种极度复杂的生物，单纯依靠一些外部信息很难了解用户的真实内心，实践才是检验真理的唯一标准。所以，进行用户画像分析的第一步，就是进行实际测试，先让你自己成为用户。

2011 年 8 月，我来到海南，自己刷马桶、铺床、收房源……你以为这就是我的全部体验吗？不是的，在创办途家之前，我还花了很长时间去海南、青岛、烟台等地亲自体验各种各样的民宿，淡季的地方、旺季的地方、大的地方、小的地方全部尝试过。除了民宿，我也亲自体验了很多酒店。

可能很多人会说，我以前就经常住酒店，还有这个必要吗？答案是肯定的，因为时代不同、情形不同、出发点不同，得到的结果就会有所差别。我有收集房卡的习惯，每住过一个酒店我都会想办法将自己的房卡收集起来。尽管我已经收集了 1000 多张房卡，但是在调研用户体验的过程中，我依然坚持体验多地、多种形式的酒店。

（2）第二步，算数据。每次体验后我都会将暖气供应情况、房间大小等方面数据详细记录下来，最后做量化对比。数据的收集与分析也是用户画像分析中非常重要的一环。用户的一些比较基础的信息也许我们可以通过网络以及用户的登记获得，但是很多更为详细、具体的情况，比如兴趣爱好、消费能力等情况都需要我们去深挖，并建立相应的数据模式。此外，我们还可以通过对一些已有数据的合理利用，得到很多需要的信息。

我的投资人曾经问我："你的第一步准备选择在哪里开始？"我的答案是："当然是房子多、去的人多的地方。"投资人又问："房子多可以以较为直观的方式判定，那么你怎么判断哪里去的人多呢？"我回答说："我的逻辑非常简单，就是要看这个地方有没有机场，如果有机场，就看机场的规模以及人流情况。"

数据是最真实情况的记录者与反映者，我们可以对收集到的一些用户行为数据进行具体的分析和计算，让用户的行为信息形成标签，由此实现对于用户画像的搭建。

（3）第三步，模式测试。任何产品都要重视用户的体验和反馈，这是打开市场、获得用户认可最为直接的方式。所以产品设计出来后，一定要进行小范围的模式测试，以便及早发现问题并进行及时优化。

不仅在准备期间我坚持让自己成为用户，产品出来后我也经常将自己当成用户去亲自体验。我们公司有个规定，出差要尽可能住公司的项目，这不仅仅是为了节约成本，更主要的是让公司员工作为用户去现场体验自己的产品。在住宿过程中一定能发现一些问题，这样服务改进就有了方向。

在对用户进行画像分析的过程中，除了全方位调查、收集以及分析用户相关数据信息，我们还可以重点思考以下问题：谁是理想的用户？用户市场规模有多大？这些用户当前的行为具有哪些特点？其核心痛点是什么？从用户画像的分析中找到用户当前未被满足的细分化需求，这就是你的机会。

3.3 从消费需求到商业模式

在物质生活充裕的今天，人们已经不再是产品的被动使用者，互联网更是赋予了人们足够的选择权，在这样的时代背景下，人们的消费需求变得愈加多元化、个性化，而了解用户的需求对于产品的研发至关重要。用户画像分析最重要的目的就是有效识别并传达用户需求，因此，当我们在设计自己的商业模式的时候，一定要基于清晰的用户画像和市场需求，这样你才有可能设计出最有价值的产品。所以明确用户画像之后，接下来我们要做的就是去洞察和挖掘用户需求，并将用户需求转化为产品功能。

1. 客观地挖掘用户的真实需求

在分享住宿产业正式兴起以后，我在创业第一天开始就非常认真地思考一件事情：我们要做的事情到底有没有用户需求？能够满足用户某一细分需求，为用户创造价值是一个行业存在的基础。任何产品的建立都必须要围绕用户真实需求进行，挖掘用户需求可以采用以下几种方法：

（1）建立数据模式。数据可以将用户的真实想法系统地展现出来，因此适当的用户调研与数据收集必不可少，用户的深度需求往往就隐藏在各种各样的消费行为数据之中。完成数据收集之后，我们需要对收集到的数据进行整理、筛选，建立数据分析模式。

（2）洞察人性。好的产品，都是顺应人性的。人性的本质是更好地生存，一个人所有的需求基本上都源于人性，在探索用户需求时，我们可以围绕人性的弱点展开，比如懒惰、贪婪、虚荣、恐惧、自卑、猎奇等，由此挖掘出用户的痛点。

人的欲望是无止境的，某个需求被满足之后，有可能会衍生更高层次的需求，美国著名社会心理学家亚伯拉罕·马斯洛（Abraham Maslow）认为人的需要可以分为五个层次（图 3-4）。每一个需求层次上的用户对产品的功能要求都不相同，在进行产品设计时，我们不要试图同时满足每一位用户的每一种需求，而是要将产品功能设计建立在明确消费者需求层次的基础之上，根据自身定位找准用户的核心需求。

图3-4 马斯洛需求层次理论

（3）用户访谈。深刻洞察用户需求应该秉承着一个原则——
从用户中来，到用户中去。要充分利用同理心，将自己转换为目
标用户，设身处地地为用户思考。在这个过程中，适当的用户访
谈很重要，这是收集用户反馈信息、了解用户真实想法、寻找问
题根源的有效方法。

有一年，我去了三亚市里的一个公馆，我发现这个公馆的环
境一般，价格也不低，但是入住率却很高。对此我很疑惑：用
户到底是如何考虑的？所以我就每天在前厅坐着，主动和用户
搭讪，了解用户的一些基本信息，比如"几个人来的？和谁一
起？""出行方式是坐公交还是打车？""饮食是否习惯？早餐喝什

么粥？""椰子水好喝，还是白水好喝？"等。这种实地访谈帮助我了解用户需求及其真实的使用体验，以对产品进行及时调整与改进。

最后，在对数据进行收集、洞察人性以及用户访谈的基础上，我们还要从自己的实践中总结规律，建立自己的逻辑思考体系，从而找准用户需求。

2. 把用户需求产品化

明确用户需求之后也就明确了产品需求，接下来我们要做的就是将需求与商业模式联系起来，实现需求的产品化。

举个例子，2020 年上半年受新冠肺炎疫情影响，斯维登的订单量大幅下降，为了更好地吸引用户，许多同事建议我采取降价策略，可是这样一来，成本都很难收回。有没有更好的方法？于是我们就做了详细的调研，结果发现疫情期间用户的需求有了很大的转变：过去，用户更关注的是性价比、服务态度，但是当前他们更关心卫生安全问题。因此，我们就推出一个方案：加强对人员接触点的管理，比如使用一次性床单、被套。虽然这些并不能从根本上解决防疫的问题，但是却能够让用户感受到企业在细节方面的用心，从而给其带来巨大的安全感，使其对企业的信任度急速增长。

理论上说，用户需求和商业模式的衔接其实更多的是靠设计者本身的敏感性，很多时候，即使发现了用户需求，也很难联想到产品。从用户本质的需求出发，让商业产品与用户连接，需要实现产品和需求的对接。

（1）提炼需求，而不是放大要求。在这个过程中，我们要能够对用户提出的问题进行深入思考和分析。很多时候，用户并不能够将自己的真实想法和需求表达清楚，苹果公司创始人史蒂夫·乔布斯（Steve Jobs）曾经说过，用户"不知道自己想要什么"，因此作为产品研发人员，就必须要不断探寻根源，切忌只关注表面现象，要能够看到表面现象背后用户的真实需求。

在汽车诞生之前，人们的出行方式主要以马车为主，如果这个时候你问人们需要什么，相信大多数人会告诉你"一匹跑得更快的马或一辆更华丽的马车"。事实上，用户真实需要的是更快、更舒服的交通工具，所以我们一定要能够看到用户行为表面背后的深层逻辑。这就需要我们对用户需求进行提炼，而不是单纯的放大用户要求，这样你设计的商业产品才会更符合市场需要。

比如你制造铅笔时，为了追求用户满意度，你把铅笔设计得非常耐用，一支笔可以用到几十年。这实际上没有必要，其实一支铅笔能够用一个月时间就已经足够了。但是因为铅笔所面对的主要用户是儿童，他们的手很小，所以你不能设计得太粗，这才是有效的用户需求。

（2）需求要结合企业定位。不是所有的需求都适合转化为产品功能，产品功能的实现必须要结合企业自身的定位。

在这一点上，斯维登曾经走过一些弯路，比如我们在三亚的项目，为了满足用户吃早餐的需求，要求每个门店都必须要准备一些粥、面包等简单食物。事实证明，这些准备基本上是无用功，对用户体验影响并不是很大，相反很多人会觉得这是一种浪费，因为"我不吃你还要收费"。

大家都在说消费升级，其实我认为所谓的消费升级并不是产品升级从而引导用户消费升级，而是用户的内需不断在要求升级。因此创业者要不停地纠正所得的用户画像，并且要学会用数据，阶段性地去验证。依据我个人经验，海量的需求与产品的匹配将是未来分享经济领域发展的重点。这个时代的英雄是用户倒逼出来的，因为用户的需求多样化，尤其是年轻一代渴求体验冒险的场景，他们的需求充满了不确定性，这会对整个行业产生很大的影响。

3.4　互联网催生碎片化时代

这是一个碎片化的时代。伴随移动互联网的飞速发展，人们获取信息的渠道变得愈加多元化，获取的信息内容五花八门，这是渠道和信息碎片化的体现。同时，生活节奏的加快使得人们可支配的时间也愈加分散，乘坐公交和地铁时、等电梯时、机场候机时……碎片化时间无处不在，正确利用零碎的时间，是许多成功者共同的习惯。除此之外，数字传输等先进技术的应用，使得人们作为传播个体处理信息的能力得到了极大增强，受众的个性化信息需求也得以充分释放，网络传播越来越碎片化。

碎片化的信息、碎片化的时间使得人们的注意力更加分散，比如打开手机浏览器想要搜索某些内容时，很容易被手机界面突然跳出来的新闻推荐所吸引。在各种混乱信息的充斥下，人们很容易变得浮躁，失去等待的耐心，做事情喜欢浅尝辄止，这也是为什么许多"网红"人物或事件的热度来得快去得也快的一个重要原因。碎片化时代所带来的弊端是显而易见的，但是我们并不能因此就将其全盘否定。

凡事都有两面性，很多人认为以淘宝、京东为首的电商企业剥夺了传统商业企业的生存机会，以此逻辑来看，工业时代也抢占了手工作坊作业的生存空间。虽然看起来很残酷，但这是时代发展、社会进步的必然现象。存在即合理，对于任何事物，人们都不能因为其所存在的弊端而反对它，对于碎片化同样如此，我们需要做的是通过科技手段将碎片进行整合，让其释放出无穷的能量。

《连线》(*Wired*)杂志主编克里斯·安德森(Chris Anderson)所提出的长尾理论指出：那些原本不受重视的、零散而无序的个性化需求可以形成一条长长的尾巴，如果我们能够把这条尾巴上的需求叠加起来，其市场规模甚至会超过头部主流商业需求（图3-5）。由此我们可以得出一个结论：碎片聚合后的力量远大于集中化。

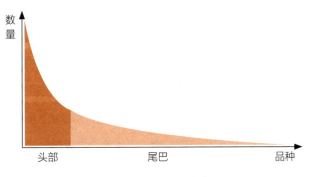

图3-5　长尾理论模式

我很喜欢一个词语——蚂蚁雄兵。蚂蚁虽小，但它们却可以组成一支无坚不摧的"雄兵"，这就是碎片聚合起来的力量，所以碎片化本身非常具有想象力。互联网时代的一个典型特征就是碎片化，谁能够解决碎片化问题，谁就是王者。数字化形成规模化、规模化形成标准化、标准化产生利润化，没有碎片就没有规模，没有规模就没有标准，没有标准就没有利润。如果你的企业主要面向的是大客户，一个订单解决一年温饱，那么这就是一件非常危险的事情，这样的风险主要来自业务的过度集中。我们可以发现，在这个时代里能够取得一定成绩的企业，通常都具有较强的处理碎片的能力，比如分众传媒以及抖音利用的就是人们的碎片化时间，淘宝的成功也离不开其对于碎片化流量的抢占。

在途家和斯维登的发展过程中，我曾经对于碎片化问题进行过一些深入思考：

1. 资源的碎片化

在中国旅游住宿市场，缺的从来不是房子，而是房子的经营者。中国的空关房源非常充足，许多空关房主其实都有出租的需求，问题在于我们如何准确地找到这些有分享需求的人，如何赢取他们的信任。

整个房地产市场一级市场在国家手里，二级市场在开发商手里，三级市场在个人和单位手里，以往我们只看到在三级市场里面已经存在着经营者在经营，也就说企业将房子从房东手里租过来再出租，或者找到有出租需求的房子，将其放到企业的平台上。而我们则另辟蹊径，开发了二级市场，直接和开发商合作，让开发商在进行房屋出售时就直接告诉用户房子不住的时候有人可以帮忙打理，以这样的方式，我们在最短的时间内成功聚合了最多的闲置房源。

2. 消费的碎片化

每个用户都有自己的消费习惯，在这样的情况下，如何将分散的流量来源打通，为用户提供统一的服务策略和体验就成了一个难题。对此，我们的解决方案就是找到精准的旅行流量通道，然后将其打通，而最好的打通方法是合作联盟。事实上斯维登的股东包括携程、Expedia、Airbnb、58 同城……他们其实也是行业中主要的流量渠道。

同时，新时代下，得益于交通的便利性，游客具有较强的流动性，比如你在海南有一套房子，但是你并不是每天都在海南，你还可能会去北京出差，去上海旅游，这也是我们最初推出"交换入住"业务的原因，这样能够较好地解决房源碎片化的问题。

3. 劳动用工的碎片化

在劳动力逐步得到解放的今天，社会用工方式正在趋向自由化，越来越多的人开始向往成为一名自由工作者。在这样的情况下，企业用工方式也应该随之进行调整，我们不一定需要 100% 固定用工制，也可以将人们的空余时间加以充分利用。

举个简单的例子，在澳大利亚，用户在取得相应从业资格之后，可以根据自己的需求去出租车公司领取出租车进行服务。比如，雨天人们用车需求量大，而用户又有空余时间，就可以去开出租车，等到雨停之后，再将车还回去。这种碎片化用工方式不仅能够缓解企业用工压力，还可以有效将人们的碎片化时间加以利用。对企业、对整个社会都具有益处。

在斯维登，我们不会请一个固定的保洁阿姨，我们主要通过派单模式将工作任务派发给在酒店工作的保洁阿姨，而这些保洁阿姨可以根据自己的需要，利用酒店下班的时间自由接单。

4. 管理的碎片化

在本书的第 1 章中我曾经提到过，整合碎片化资源存在着一个较大的弊端，就是很难实现服务的标准化，因此给管理带来了较大的困难，其中包括用户信息、人员的管理等，为此我们曾经创新了很多管理方法。

比如借助钉钉等一些技术软件的功能，将移动办公、碎片化办公的行为进行归集。钉钉是阿里巴巴开发的一款智能移动办公平台，是一款非常好用的办公管理软件，其所具备的打卡、工作流程处理、项目管理、投票处理等功能能够使我们的企业管理效率得到巨大提升。

在文档管理上，有了钉钉文档库，我们不仅可以多人共享同一个文档，还可以随时对文档进行更改，有效实现文档的协同工作，使文档管理工作变得更加简单、快捷。

因为工作的特殊性，我们的资源和用工都呈现出较为明显的碎片化特征，不可能让每一名员工都每天按时来公司打卡，而钉钉的打卡功能，可以实现精准定位，可以让我们随时知道员工在哪里工作，实现员工考勤管理。

微信是一款开放式社交软件，很多时候我们在群里发的信息并不知道是否所有人都有收到，和微信不同，钉钉采用的是封闭式社交形式，你可以清楚地知道有多少人看到了你的消息。在钉钉中，经常使用的一个功能就是发起投票，比如你认为某个产品存在一些问题，但不确定哪个问题最重要，就可以用投票方式来取得共识。

总之，钉钉的协同作业功能非常强大，我们可以通过投票或者调查的方式，将大家分散的、碎片化的智慧和信息整合在一起。

我认为钉钉的下一步会实现和更多硬件的连接，比如将钉钉与门锁系统对接，员工只需要在钉钉上进行人脸识别，就可以打开办公室的大门，同时产生考勤。

这里提到这些是想告诉大家：对于碎片的处理，我们一定不能忽视科技的作用，移动互联网、数据统计分析等一些先进技术的发展导致碎片被聚合的可能性增大，使得以前被分散在各地的数据能够在短时间内得到有效整合。

比如在运营管理过程中，我们就有一条特殊的规定：除了集中式项目，所有用户退房都不需要查房。这样可以大规模减少员工的工作压力，节约人力资本，因为像用户损害设施这种给我们带来较大经济损失的行为本身发生的概率就很小。当然，这样也给了用户最大的尊重。

这里，应对碎片时我们就运用了数据统计分析的方法，运用了概率学的逻辑，既然是碎片就有概率，要尊重概率、尊重科学、尊重事实。

碎片是我们最大的敌人，也是最大的机会，我一直坚信，未来得碎片者得天下。

3.5 守正是基础，创新是源泉

创新是每一个企业保持生命力必不可少的话题。大多数人认为创新是把传统的、旧的东西停掉，创新就是去颠覆。对此看法我并不赞同，在我看来，创新不是对旧有东西的摒弃和否定，而是一个衔接过程，一般呈现出螺旋式上升的趋势，任何一个行业的颠覆一定都是循序渐进的，所以创新并不是一次性的，而要通过一次次迭代来实现，守正是基础，创新是源泉。

特别是在开展新业务的时候，我们千万不要把老业务彻底灭掉，新业务和老业务就像 4×100 米接力赛跑，需要有一个交接点。在开展新业务之前，我们要充分考虑可能存在的困难，避免最后因为种种突发情况而手忙脚乱。

此外，新业务开展还要考虑其所涉及的整个组织结构，所有业务都是依靠人来实现的，因此我建议大家如果有可能，在开新业务时可以成立一个综合部门来统一协调组织问题，同时新业务的开展也应该采取循序渐进的原则，可以先开展试点工作，再逐步实现规模化。

　　我举一个例子，途家成立之初，业务主要以自营为主，后来计划在全国大约十个地方率先开展商户业务，以实现真正的分享。当时，同事们的想法是："每个地方招 20 人，共计 200 人，对所有人进行一次为期三天的培训后直接让大家去各自所在地实践。"而我的看法是："统一招到 200 个人之后，将其集中到北京培训，培训完之后将其分配到全国 8 个地方去实践，每天发回总结。两个星期后，其中的 100 人选择自主离开或者被劝离，剩下的 100 个人就成为我们的'种子'代表，被分散到 10 个地方，每个地方 10 个人就可以将新业务成功拓展开来。"

　　在之后的复盘中，所有人都认为我当初的决定非常明智。这样做的优点在于避免了 10 个地方同时开展业务时管理上的困难，此外在这个过程中还实现了双向选择。

　　新业务的开展过程和组织结构的衔接是一个非常重要的问题，业务是新的，人也必须是新的，但是人不可能马上变成新的，而且还要考虑新人的培训问题。

　　当然，创新虽然并不代表颠覆，但是也有可能成为一种颠覆。不过这种颠覆也并不是一蹴而就的，也需要逐步实现，最常见的方法就是打造爆款，通过一个爆款带出一个企业。比如很多人都是先知道海飞丝这个品牌之后，才认识了宝洁。所以我们在创新方向上，最初往往针对的是某个具体的产品，再由这个产品创新形成的爆款带来其他产品的创新，从而进一步实现整个企业的颠覆。

除了循序渐进之外，创新还应该遵循以下四个原则（图3-6）：

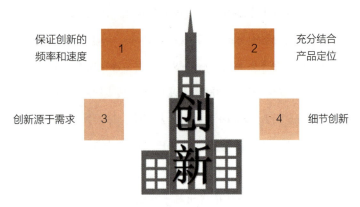

图3-6　创新的四个原则

1. 保证创新的频率和速度

有人说，市场上不需要创意，需要的是差异化，因为很多创意很快就会被复制。其实创意被复制是不可避免的，这是社会发展所产生的一种必然现象，事实上，如果你的产品、你的创意没有人学习，你才应该担心：到底是哪里出了问题？有一本书叫《海底捞你学不会》，此书认为人们学不会海底捞的经营模式，我认为这是一种夸张的说法，世界上没有学不会的事情。所以我们不要过度苛责那些模仿、复制你的人，认为这是无用功，而是要从自己身上找原因，是你的产品创新速度还不够快，没有最大限度地满足消费者需求。

就好像马拉松比赛，你被别人追上，不能怪别人穿的鞋子好，只能说是你跑得还不够快。小孩之所以长得快并不是因为他吃得多，而是因为他新陈代谢快，所以，你一定要不断创新并且保持创新的速度。我对斯维登的要求是：每周一个创新，每个月一次小变革。我们每个季度都会对财务预算、组织结构、产品设计进行一次新的调整。

除此之外，我们也一直在不断挖掘和满足用户更多的需求，比如在利益分配上，我们以前采取的是和房东五五分成的方式，但是不同用户想法和要求不同，所以后来我们逐步创造出了更多的分成方式。

2. 充分结合产品定位

衡量一个创新成功与否，创新产品的收益、目标达成情况并不是唯一的标准，还要取决于创新的总战略、思想与企业的定位和发展方向是否一致。我们不能因为创新而创新，所有创新都应该来源于企业的核心竞争力，这样的差异化才真正具有价值。

举个简单的例子，我们曾经和一个房地产开发商项目合作，合作的方式是他们将一些有出租管理需求的房源交给我们，然后我们从中取得一部分收益。后来，对方提出一个新的方案："你们的管理模式可能会帮助很多用户打消顾虑，增加房产的销售率，所以接下来你们推销出去多少房源就给你们多少佣金，这部分佣金数额显然比你们之前的收益要可观。"这意味着，如果我们同意了他们这个合作方案，那么这个项目产品的利润可能是原来的 10 倍。但是这和我们的企业定位不符，如果按照这个方向发展，我们最后就很有可能变成一家房地产经纪公司，而在这个领域，我们的优势并不明显，很难超越别人，所以最后很难取得真正的成功。

最终，我们毫不犹豫地拒绝了对方的好意。

3. 创新源于需求

我们不能为了创新而创新，所有的创新设计都一定要基于业务发展需求，而业务需求的发展主要来自对用户需求的探索。

比如斯维登与开发商合作时，最开始我们采用的是"管家 + 托管"的方式，之后我们就一直遵循循序渐进的原则不断地发掘客户的需求，不断地迭代，以弥补之前可能存在的不足。

2018 年，斯维登为闲置房屋业主提供"安心管家"服务，推出包括定期巡查、清洁养护、房态维护、业主接待及各类定制服务。安心管家为房屋增值保值提供一站式服务，业主购房之后即可说用就用、说走就走，体验真正的"别处的生活、理想的居所"，让所有业主买房放心、投资安心、持有省心、居住开心。

2020 年公寓托管运营问题频发，使得人们对于该行业的安全性与可靠性产生了怀疑。对此，2020 年 7 月 16 日，我们推出"途立方 2020 升级版"解决方案，主要针对城市公寓短租市场，为业主提供斯维登公寓、城宿及 RBA（Run by Agency）代运营三类全新短租运营产品，助力实现业主资产价值最大化……

4. 细节创新

无论是业务创新、管理创新，还是服务创新，甚至是商业模式创新，所有的创新都是细节创新，都是基于对某个极小细节的思考，有细节点的突破才能够使创新成为实践。

创新是一个企业发展的需要，也是其前行的不竭动力，但是创新绝对不是一件盲目的事情，我有一个理论，两点之间的直线距离是最长的。都说两点之间的直线距离最短，这个说法错了，应该是最长。因为谁都知道要走最短的路，所以拥挤得反而走不通了。当我们在创新、变革的时候，我们要非常清楚当时的初衷，这个初衷并不是誓言，也不是情怀，而是对目的地执着的追求和追寻。在这个过程中，你会想很多方法去实现目的。

第 4 章

将管理思想编进系统，
让分享落地执行

在推动分享经济向前发展的过程中，现代科技起到了不容小觑的作用，特别是在竞争日益加剧的社会背景下，企业要想取得更高的收益，就必须要加强系统化运作管理，这直接决定了企业竞争力的强弱。小企业看老板，中企业看制度，大企业看系统，企业规模越大，系统就越重要。

4.1 再琐碎的细节也能通过系统实现

在本书前面的章节，我曾经表示互联网时代的一个典型特征就是碎片化。未来，"得碎片者得天下"，实现碎片化聚合是企业必备的能力之一。事实上，碎片化聚合是一件非常复杂的事情，也是很多行业都在致力于解决的问题。打个比方，一碗米饭中的每一粒大米都可以被看作一个碎片，但是它们之间并不完全相同，所以碎片本身具有一定个性，要聚合在一起并不是一件容易的事情。这里需要强调一点，碎片化聚合并不是要我们创造更多的碎片。以民宿为例，无论是房源还是用户，这些碎片都是本身存在的，并不是斯维登创造出来的，我们的解决方式是通过系统的方式实现双方的高效连接。

现代社会，任何企业的发展都离不开科技的支持，"社会达尔文主义之父"赫伯特·斯宾塞（Herbert Spencer）曾经说过："只有天才和科学结了婚才能得到最好的结果。"企业发展更是如此，特别是在各种新型的信息技术不断涌现、升级的今天，从设计、生产到销售等诸多环节都开始实现信息化，众多分散的碎片化信息加大了企业管理的难度。无论企业身处哪个领域，一旦它超过一定规模，就会面临众多烦琐的管理问题，成本会非常高，这时候就必须要考虑系统能力。所以，在企业发展到一定程度时，就必须要建设相应的系统，如果企业的系统能力跟不上企业发展速度，那么就很有可能会面临亏损的风险。系统其实是实现碎片化聚合的重要手段和方法，再琐碎的细节也可能通过系统实现。

在创业初期，我就专门安排了两位同事创建一个业务流程审批系统。当然这个系统最初其实是借鉴了其他企业，这样效率更高。理论上，创业应该先将业务做起来，之后再去完善企业的系统，那么我当初为什么这么做呢？这是因为我们实行的是分享经济模式，业务和人员十分分散，如果用人工进行流程审批，会非常低效，这会严重影响企业的发展速度，所以我们就迅速搭建了一套无纸化办公系统。虽然它的功能并不是非常强大和完善，和企业业务的对接也不完美，但是在创业初期它确实帮助我们完成了很多重要工作。

虽然在系统的搭建上我们浪费了一些时间，但是这为我们后面工作的顺利展开打好了基础。打个比方，我们的工作非常紧张，吃饭时间很少，那是不是为了节省时间我就直接用手抓着吃了呢？不是的，我宁可稍稍慢一点，把筷子、碗准备好，这样就可以避免因用手抓饭而吃坏肚子，影响后面的工作进度，这其实就是我们常说的"欲速则不达"。通常情况下，维持一个企业的正常运行主要需要以下四大系统（图 4-1）：

图4-1　企业四大核心系统

1. OA：自动化办公系统

OA 是英文 Office Automation 的缩写，意思是办公自动化，指的是利用现代化设备和信息化技术代替传统手工或者重复性业务活动的一种新型无纸化办公系统，能够有效提高工作效率和质量。

OA 系统的核心是流程引擎，简单来说，就是将企业的一系列固定流程植入系统中，借助系统有效提高企业日常的办公效率。常见的功能模块有：

（1）流程审批。包括财务审批、出差审批等。

比如我们的工作经常有人需要出差，出差期间机票费用以及住宿费用也需要向公司申请报销。在系统出现之前，要完成这些审批，往往需要申请人填写申请单之后，逐个去找相应的领导签字，非常浪费时间，审批效率极低。相信很多人都有过这样的经历：出差回来十天了，可由于某个领导出差，申请单上签字还不齐，所以出差费用迟迟无法报销。而在运用 OA 系统之后，申请人只需在系统中提交审批申请，就可以通过系统设定的流程审批程序自动完成逐级向上的审批工作，有效提高了审批效率。

（2）个人办公管理。OA 系统有制订工作计划、日程安排、会议管理等功能。通过系统，领导可以随时了解手下员工的工作进展情况，查看会议室占用情况，并下发会议通知，让与会人员提前做好准备。

（3）考勤情况。在人力资源管理中，考勤管理一直是一项复杂的工作，人们常说："打卡一分钟，统计两小时。"而 OA 系统则极为有效地解决了考勤统计难的问题，它通过特定的处理和计算，可以自动对所有员工的考勤情况进行集成处理，让人一眼就可以看清每名员工请假、迟到的情况。

除此之外，OA 系统还可以帮助我们实现文档管理、消息管理等多项功能。

2. ERP：企业资源计划系统

ERP 是英文 Enterprise Resources Planning 的缩写，意思是企业资源计划，其核心思想是供应链管理，引导企业从供应链范围去实现对资源和运行模式的优化，有效改善企业业务流程，提高企业核心竞争力。

ERP 系统常见的功能模块包括财务管理、物流管理、人力资源管理、生产管理等。

3. CRM：客户关系管理系统

CRM 是英文 Customer Relationship Management 的缩写，意思是客户关系管理。人们常说"顾客就是上帝"，由此可见，客户是企业最重要的资源之一。因此，企业必须要重视对于客户关系的长期管理。而 CRM 系统的主要作用就是统一管理与客户相关的信息，包括拜访记录、客户需求、客户联系方式等，以便向客户提供更为快速、优质的服务。

CRM 主要被应用于企业的销售部门，其主要功能模块包括产品管理、客户资源管理、客户权限管理、采购管理、出库管理、销售订单管理、发货通知管理、发票管理等。

4. HR：人力资源管理系统

HR 是英文 Human Resources 的缩写，意思是人力资源。任何时候，人都是企业发展的第一生产力，在企业不断壮大的过程中，为满足企业发展的需求，企业组织的规模和层次必然会随之变得愈加巨大和复杂，管理的难度也将越来越大。在这样的情况下，实现人力资源管理的信息化就成为企业的必然选择。HR 系统的核心就是通过一些现代化技术对人力资源管理数据进行收集、整理和分析，从而实现员工的整体管理，让员工价值最大化，它是现代人力资源管理必不可少的助推器。

通常情况下，HR系统的功能模块主要有：组织管理模块、人事信息管理模块、招聘管理模块、劳动合同模块、培训管理模块、考勤管理模块、绩效管理模块、福利管理模块、工资管理模块等。

除了上述四个主要系统外，企业经常用到的系统还包括订单管理系统（Order Management System，OMS），仓储管理系统（Warehouse Management System，WMS），运输管理系统（Transportation Management System，TMS）等，具体还要根据企业实际情况来进行选择。

4.2 "数据化＋系统化"：企业低成本运营的前提

怎样让一个人轻松地完成几百个人的工作？很多人可能会说："这简直是天方夜谭，除非是孙悟空，会七十二变。"如果我告诉大家，这并不是在开玩笑，而是一个真实的故事呢？

途家和斯维登创办之初，我大部分时间都在北京办公。有一次，我去斯维登在上海的本部办事，进来之后我就发现二楼有一百多名员工，每个人看起来都非常繁忙。当时的负责人向我解释说，这 120 个人主要负责结算，包括面向业主和客人双方的结算，当时斯维登管理的房间已经高达 10 万套，工作量非常巨大，他们依靠了一些先进的技术管理系统，极大地降低了工作量，不然如此大规模的工作，几百人也很难完成。

对此，我提出了我的建议："能否进一步加强系统升级管理？"因为以当前的用工规模来看，人工支出仍然占据了公司支出的很大一部分，而且我们的业务规模还在不断增大，如果不对系统加以调整，那就意味着未来我们还要投入更多的人工。后来，经过多次改革，系统代替人工完成了很多复杂的工作，斯维登结算部门只需要一个人就可以完成之前的所有工作，工作效率得到了空前提升，而且出错的概率也大大降低。

从几百人到 120 人，再到一个人，这绝对是一个非常巨大的改变。在企业经营过程中，成本管理是一项非常重要的环节，如何利用最小的成本去换取最大的利益，是每个企业家都在思考的事情。成本掌控能力直接影响企业的发展速度。成本管理有一个非常重要的原则：降低成本绝不能以牺牲产品和服务质量为代价，而是要从优化结构、提高运营效率入手。企业要想保持持续发展、实现低成本运营，就应该考虑在保障产品和服务质量的前提下努力提升运营效率，实现每个人、每种资源的价值最大化。

在具体实施中，结合斯维登的发展经历，我给大家提供以下两个参考建议（图4-2）：

系统化管理，
降低员工工作强度

数据化运营，
迅速锁定优化方向

图4-2　利用系统实现企业低成本运营

1. 系统化管理，降低员工工作强度

系统强大的整合、计算能力，可以代替人们完成很多琐碎的、复杂的工作，从而极大地节约人工投入成本。

斯维登的民宿产品也是一步步成长起来的，我们的服务式公寓产品主要有两种类型：长租和短租。由于房屋所处区域不同，所以短租项目的入住率区别很大，一些比较偏远的地区入住的人可能相对较少，有时一天可能就只有几个人。如果按照传统的工作模式，前台工作人员24小时需要在岗，但是由于入住的人少，他们大部分时候都是比较清闲的，这在用工资源上绝对是一种浪费。

依托系统，我们就可以对这种用工模式进行调整，进行碎片化管理。为了给用户提供极致的服务体验，我们已经推出了无人入住系统以及智能化节能设施，同时也在积极尝试人脸识别技术。前台工作人员只需要在固定工作时间内在岗，其余时间，用户可以通过电子门锁技术自主解锁，如果有问题可以随时通过系统的客服，联系到斯维登当地的服务人员。

同时，通过斯维登小程序注册会员并且产生订单的用户，还可以在客房服务界面体验在线化的服务，不仅可以一键连接 WIFI、联系客服、查看温馨提示，还可以实现物品租赁、托管、打印电子发票、在住清扫以及续住与退房等服务。

借助系统，我们有效实现了服务的在线化，实现了用科技赋能服务体验的全新尝试，这不仅直接为用户创造了便捷高效的入住感受，还给传统的分享住宿碎片化资源管理流程带来了变革与颠覆，有效地提升了门店服务效率与运营效率，降低了企业运营成本。

2. 数据化运营，迅速锁定优化方向

引入系统，可以说是企业实现信息化、数据化建设的第一步，是企业精细化运营的基础。相对于过去烦琐、复杂的数据收集工作，系统的引入可以让企业在最短的时间内得到最多的有效数据。

数据永远是最真实的反馈，数据往往是用户需求、产品问题的直接体现。通过对企业的各种运营数据的深度挖掘，可以从中看到企业在管理和制度上所存在的一些短板，从而快速且准确地确定企业优化的方向，最大限度地达到运营目的，有效降低企业的运营成本。

举个简单的例子，我们如果想要了解用户更希望民宿房间内能够提供哪些物品售卖服务时就需要根据实际运营数据，来分析在同一地区范围内，房间内放置的哪些产品用户购买率最高，用户为什么会需要这些产品……这样就可以找到相应地区门店应该在房间中准备哪些产品。

系统最大的价值就在于能够轻松处理复杂的、大容量的事件，从而有效提升员工工作效率。同时，我们还可以借助人工智能、大数据等先进技术，迅速且准确地对一些数据进行收集整理，并实现结果的模拟计算。我相信，谁能解决系统和效率提升的问题，谁就有可能在碎片化聚合的竞争当中胜出。

4.3　比人更值得信任的是系统

为什么现在马路上违法犯罪的事件越来越少？我认为除了人们法律意识的提升外，最重要的一个原因就是摄像头越来越多，过去这些监督的事情大多依赖人工，深夜还会有更夫执勤，但是现在的更夫越来越少，是因为其工作已经更多地被系统所代替，在摄像管理系统的监督下，事情的可控性变得更强。人的自控力是有限的，自控力的提升不仅需要人们增强自我意识，还需要一些外部制约，需要适当的监督管理。而系统本身，就自带监督功能。

　　在企业管理过程中同样如此，人难免会犯错，如财务管理有可能出现错记、漏记，甚至员工监守自盗的情况，企业需要进行适当的监督管理，而这无形中就又增加了管理的成本和难度。但系统的出错率极低、专业性强，而且在多套系统的相互配合下，即使真的出现问题，也很容易发现，在系统的监督下，造假变成了一件非常困难的事情。从这个角度来看，有时候，系统其实比人更值得信任。

　　举个简单的例子，过去的交易我们更多的是采取现金手段，收到钱后的第一件事就是要将现金放进保险箱中，保险箱上通常只留一个塞钱的小口，钱放进去后如果没有钥匙，是没有办法取出来的，而放钱进去的人是没有钥匙的。现在，在线支付手段极大地减轻了现金管理的困难，减少了我们的工作量。

　　从另一个角度来说，系统的应用还可以建立企业与用户之间的信任关系。我们知道当前中国分享经济发展面临的最大障碍之一是信任体系的缺失，所以无论你身处哪个领域，首先要做的就是建立信任，特别是分享住宿领域，这本身就是一个非常需要信任的领域，让用户把房子交给你管理，并让别人住进来，如果不建立信任关系，这一点真的很难做到。这里的信任可以来自多个方面，比如创业者的人格、背景，企业的实力等，但这些都不如系统更容易让用户产生安全感，在系统的保障下，所有的运营都会变得规范化。为什么人在借款时会更愿意相信银行，而不是个人？因为银行有非常完善的管理系统，会严格按照规定办事。

在与业主打交道时，我们的利益分成逻辑很容易受到质疑："我怎么知道我的房子什么时候有人住，什么时候没有人住？取得多少收益还不是你们说了算？"在斯维登，这一问题完全可以用系统解决，事实上斯维登有两套系统，分别面向用户和业主，用户可以通过系统清楚地看到哪些房间是空着的、可以选择的，而业主也可以随时了解自己房屋的状态，如是否有人入住。当业主同时查看、对比两套系统时，所有的疑惑将不复存在。

系统的公开性和准确性，可以极大地消除用户的怀疑，无形中拉进企业与用户的距离，增加用户对企业的信任感。

分享经济理论其实非常容易理解，为什么在途家、斯维登之前，没有企业把分享住宿领域做成一定规模呢？我认为其中一个非常重要的原因就是分享经济理论在住宿领域的实践过程中会遇到很多困难，比如在收入分成管理上，哪几天房东在住、电费用多少？哪些天有用户入住，具体收入是多少……当你的房屋达到一定数量之后，这些工作依靠人工是无法完成的，只能依靠系统。所以分享经济理论虽然并不是一个新鲜的概念，但是却一直没有发展起来，就是因为没有互联网和系统体系的支撑，它无法执行、无法运作。

从手工时代到蒸汽时代，再到电气时代，再到信息时代，每一次工业革命都使得生产方式发生了巨大的变革，也都使得生产力得到了空前的提高，这是时代进步的表现，也是时代发展的必然结果。在这个过程中，科技起到了非常重要的作用，可以说科技永远是提升生产力的重要手段，但任何时候科技都要和人工结合，其终极目的是提升消费体验，或者减少成本、提高效率，所以企业不能为智能化而智能化。

很多人有这样的担心：依靠现代科技的发展，系统能够取代人们完成许多工作，那么，未来，有没有可能人们的工作机会更少？其实我认为这种担心是没有必要的。以辩论为主的综艺节目《奇葩说》第五季中，有一期的辩题是"奇葩星球新技术，可以让全人类大脑一秒知识共享，你支持吗"，大概意思就是如果一个芯片可以装进人的大脑，让人瞬间拥有世界上所有的知识，你会支持这项技术吗？对此，我的看法和辩手陈铭大致相同，所谓知识，其实只是对外部客观规律的归纳和总结，知识并不代表智慧，很多时候，还是需要人进行一些判断。同样，系统更多的是相对刻板、冷血地执行一些规则，在很多问题上，人的处理更具灵活性。

比如按照正常规定，用户损害物品需要赔偿，但是如果用户是为了救人而损害物品，这种情况下，如果坚持要用户赔偿，似乎有些不近人情。

所以，系统并不能主宰人类，系统及一些智能化设备能够减少人为的重复工作，处理极为烦琐的事情，极大地提升工作效率，但并不意味着它可以完全取代人。系统的最终意义还是要为人服务，让人去做更加值得做的事情。事实上，企业所有智能设备和技术的升级都是为了向人们提供更人性化的服务。当机器能够去完成一些简单的、琐碎的工作时，人的服务反而显得更加珍贵和有价值。

比如民宿前台的作用只是给用户登记信息、验证身份吗？错，其最大的价值其实在于能够向用户输出很多个性化服务，比如回答用户一些较为具体的问题，给用户提供更为周到的服务等，这些都是机器不可替代的。

所以在整个运营管理中，我们所有技术系统的建立和升级迭代都应该以让用户获取更多价值为核心，要能够为用户提供更好的产品和服务。并在此基础上，帮企业合理地节约成本。

4.4 任何复杂系统的构建都基于其固有的简单性

对于企业而言，最常用的系统主要有自动化办公（OA）、企业资源计划（ERP）、客户关系管理（CRM）、人力资源管理（HR）等几种，但在实际应用过程中，受企业规模、行业以及成本预算等诸多因素的影响，各企业之间实际采用的系统还是有较大区别的，具体还要根据企业的实际经营情况来决定。

以斯维登为例，从培训到日常管理，再到服务体系，我们的一系列管理系统，都是在实际操作过程中经过逐步摸索、开发，并不断完善所得，其中最为典型的几个代表有：

系统一：企业管理系统

在分享住宿领域，如果你只管理五间房间，那么管理起来很容易，但是当你管理的房间到了 5 万间、50 万间的时候，管理问题就会变得非常复杂，这时候一套专业的管理系统必不可少。在斯维登，我们拥有一套独特的公寓管理系统，叫 VRMS，主要用于房子日常的入住安排、卫生打扫等各个问题的管理。

系统二：跑道系统

一个业务员和十个业主进行了交流，我们就需要对这十个可能实现的订单进行跟进，看最后是否能够完成合同的签订，这就需要我们做好具体分成计划，并根据需求对房屋进行设计和装修，做好开发筹备阶段的准备工作。而在房屋上线阶段，我们则需要和各种各样的流量平台对接，对项目和房间的情况进行描述。之后，还需要进行相应的人员配备，进行试营业，并对一些服务等进行不断调整和改进，最后实现全面推广……

总之，跑道系统负责的是在用户入住之前，房屋的所有准备工作，包括项目机会管理，项目筹备，房源的上架、下架，员工培训，与业主沟通，项目结算等。我们的业务要"起飞"，必须有一个"跑道"，这就是"跑道系统"的由来。在我们业务向前发展的过程中，跑道系统起到的是一个助跑的作用，如果没有跑道系统，我们的很多业务都有可能会停摆。

我们的跑道系统并不是第一天就建起来的，在企业向前发展过程中，我们的项目数量在不断增加，上线周期也越来越长（有些项目可能会在和开发商签订合同两年后才能正式上线）。这时，我们当时的一位高管丁小亮（原携程集团副总裁）提出了建议："不能这样杂乱无章地进行管理，要借助系统进行规范化管理。"后来就有了我们的跑道系统。所以系统的建立不仅仅是为了建立信任，系统最主要的作用就是实现业务的规模化。

此外，还需要强调的是，在合适的时间去建立合适的系统才是最正确的做法。如果我们在创业第一天就开始创建跑道系统，当时我们对于整个业务流程和可能遇到的问题并不了解，也没有可以参照的对象，那么我们做出来的一定是一个理论化的系统。这样的系统非但不能帮助企业解决问题，还有可能成为企业业务发展上的一个障碍。很多创业企业之所以失败，并不是其能力不够，也不是其发展方向有问题，而是它们在不正确的时间做了一些不该做的事情。

系统三：业主管理系统

传统包租模式下，企业与业主之间的交易模式非常简单，双方约定好房租价格以后，企业只要按时支付就可以。但是在分享模式下，这种交易就变得愈加复杂：

由于我们采用的是按比例进行利益分配的模式，因此业主的收入是动态的，即房子入住频率越高、收益越高，业主的收入就越高，而这要求我们必须计算清楚每一张订单的收入情况。因此在房租支付上，我们采取了"T+1"规则：当天取得的收入，我们会在第二天就可以计入账户，让业主知道。这样月底结账时就可以现金结清。这样一来，由于业主可以即时得到房屋的收入反馈，所以进一步刺激了业主的分享欲望，但这就对支付系统的管理提出了较高要求。就好像在淘宝交易中，需要有支付宝平台对每一笔交易进行管理一样，我们也需要一个严谨、完整的系统来实现对收益的计算和分配。

同样，我们和业主之间还面临着极大的沟通需求，比如核对房屋所发生的水、电、卫生管理等费用，物品损害的赔偿问题等，这些沟通的进行，都主要依托我们的业主管理系统。

系统四：交互管理系统

在斯维登，有一个非常著名的业务"交换入住"，其理念是"一处置业，处处有家"。听起来很美好，但是在具体的实行过程中也有很多的难题，需要一个完整的交互管理系统来实现房屋的计算和匹配，可以让用户精确地知道自己的房子可以交换哪些房子。

这些系统全部是由斯维登首创，它们是支撑整个企业向前的原动力和基础保障。系统的搭建是一个比较复杂的工程，涉及方方面面的问题，企业需求不同、发展规模不同，其所需要的系统也有所区别。但是任何复杂系统的构建都基于其固有的简单性，系统的建立也并不是毫无规律可言，结合斯维登在系统建设方面的一些心得，我认为系统的搭建可以主要考虑以下三个方面：

1. 满足业务需求，完善系统建设

从宏观上来讲，系统建设是为了更好地满足企业的发展需要，助力企业实现规范化、批量化管理。因此系统的建立一定要围绕业务需求展开，在企业向前发展的过程中，伴随业务规模的不断扩大，业务需求也在日益增多，这就需要我们研发并完善相应的系统。系统建设与更新是一场持久战，需要循序渐进。

斯维登的系统都是自己逐渐摸索建立的，我们从来没有停止过对系统的探索，系统研发人员也在逐步增多。

2. 在业务执行中实现对系统的检验与升级

系统建设要满足业务需求，同样，验证系统可行性最简单、最直接的方法就是看其是否能够经得起业务的考验。

系统一词是英文 system 的音译，而 system 一词则最早来源于古代希腊语，意思是"部分组成的整体"。中国学者钱学森认为，系统是由若干个相互作用、相互依赖的组成部分结合而成，所以系统是一个动态和复杂的整体，牵一发动全身，任何一个小的组合部分的改变，都有可能引发整个系统巨大的变化。每次新的业务需求产生都会引发系统新模块的诞生，而新的模块一定要与其

他模块相融合，否则很有可能影响整个系统的运行和使用。

实践是检验真理的唯一标准，新的系统一定要放到实际应用中去观察，看其是否会和我们的业务产生冲撞，以便及时进行调整、修补。

3. 落地的细节使系统更丰富

并不是所有的系统建设都是一个宏伟的计划，也可以从细节处着手，解决一些看似微不足道的事情。

举个例子，2021 年春节，受新冠肺炎疫情影响，国家提倡"就地过年"。为响应国家政策，斯维登专门推出了"百万大奖人人有"消消乐活动，鼓励大家不出门，在家通过小游戏消磨时光。人们只要参与到活动中来，就有可能获得现金、免费房体验券等礼品，用户在游戏中得分越高，抽到大额奖品的机会就越高。该活动就是一个小的系统程序设计。

总体来看，系统的建立和应用可以使企业实现管理和决策的科学化，对信息资源加以合理利用，降低人力和信息成本，准确管控业务需求，并提高整体的管理效益。所以，我认为任何企业都需要与时俱进，积极地将系统应用到日常管理与运营之中。特别是对于以实现碎片化聚合为主要目标的分享经济领域而言，系统更是企业的核心能力，是其正常运营的基础。

第 5 章

向流程要效益，
通过标准向行业要影响力

流程决定结果，全球著名质量管理大师威廉·爱德华兹·戴明（William Edwards Deming）曾提出，一个企业的质量问题和浪费现象往往96%都是由流程体系的不当造成的，只有4%来自岗位因素。由此可见，流程管理对于企业提高效率、降低成本至关重要。在运营上，斯维登始终坚持追求"统一的服务策略，一致的用户体验"，力求以连锁标准作业程序来保障产品服务的高品质，通过标准向整个行业要自己的影响力。

5.1　做制定规则的人

　　其实对于分享经济领域而言，碎片化并不可怕，真正可怕的是没有统一的服务策略。每个行业、每个企业在规范化管理的过程中，都应该建立属于自己的标准作业程序。标准作业程序的建立过程，实际上就是企业实现流程化管理的过程，具体是指将某一业务或事件的标准操作步骤以统一的格式进行相应描述，将细节进行量化，根据业务需求性质和用户的需求规划好每个环节的具体操作流程，制定出标准的工作程序。

　　企业为什么一定要进行流程管理？标准作业程序的建立可以帮助企业有效利用有限时间和资源，较为规范化地执行复杂的日常事务管理。从管理学的角度看，建立标准作业程序可以帮助企业更好地实现服务标准的统一，缩短新员工在面对新业务时的培训时间，有效避免工作的失误。总体来看，我认为有效的流程规划对于企业的优势主要体现在以下几个方面（图 5-1）。

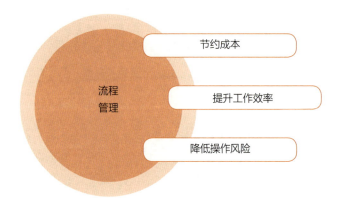

图5-1　流程管理的三个主要优势

1. 节约成本

一套完整有效的标准作业程序可以帮助企业更好地实现业务流程的规范化管理，赋予管理流程明确的标准，避免流程运作中浪费不必要的时间和资源，为企业运营节约成本。

2. 提升工作效率

在企业管理上，业内有一个非常普遍的认知：向运营要效益。有效的流程管理能够优化工作流程，避免大家在一些不必要的工作环节中浪费时间。建立标准化的工作程序，可以实现员工作业的规范化，让员工以最简单的工作方式取得理想的工作效果，从而大大提升工作效率。

3. 降低操作风险

标准作业程序最大的作用之一，就是让员工在进行作业时有据可依，按照标准进行系统化操作，避免不规范的操作给企业业务的正常运营带来风险。

说到运营，我们常常会说向流程要效益，还有一句话是我自己在分享住宿领域多年来的感受：你要通过标准，向行业要你的影响力。作为一种新崛起的经济模式，分享经济在很多行业内还都处于起步阶段，没有一个标准可以参考，一切都需要在摸索中进行。

我们途家和斯维登也曾经经历过这样的阶段，创业之初，我在三亚租了两栋别墅，一栋当办公楼，一栋当我们的宿舍，那时的我们没有健全的管理系统，也没有任何一项标准作业程序，所有一切都是从零开始。到目前为止，我们已有接近十年的经验，拥有了标准化的服务流程，有了包括客户管理系统、订单系统、门锁系统、客房管理系统、结算系统、互联共享系统等在内的一系列系统，有了十多项完整的标准作业程序。这些经验已经变成我们内部的教科书，帮助我们实现了整个行业的规范化运营，让我们成了行业的领跑者。

领导力就是影响力，如果你要领导一个行业，那么你就要先改变这个行业。在一个团队中，作为领导者，如果你想要让团队成员信服你，就必须要在某些方面让大家对你心悦诚服。在一场比赛中，哪一个角色最重要？裁判。为什么呢？因为裁判是维护比赛秩序、执行规则的人，他在这场比赛中有着绝对的话语权。所以，大家如果想要在一个行业中取得一定成绩，一定要把自己的标准提高一些，不能只是单纯地希望创造出销量好的产品，还要努力把产品和服务打造成行业的标杆，通过自己较高的标准，向行业要你的影响力。

关于这一点，在途家和斯维登的运营过程中，我们一直在思考，也一直在不断地试错。

举个例子，我们曾经经历过这样一件事情：有一天，我们在长城脚下的一家店住进来一家人，之后，这家的老人留在房间中休息，其他人都出去参观、玩耍，结果老人不慎从楼梯上摔了下来，陷入了昏迷。幸运的是，我们的工作人员很快便发现了这件事情，并及时将老人送进了医院，由于就医及时，老人很快便脱离了危险，其家人还专门对我们表示了感谢。

经历这件事情以后，我们第二天便开会建立了新的规定：所有入住的客人，都不能单独留下老人或小孩在房间内，可以暂时委托给我们的服务人员照顾，或者带走。

这就是我们的标准作业程序逐步形成的过程，可以说我们所有的标准作业程序都是我们在做分散式管理时，用血的教训总结出来的经验，是我们最为宝贵的东西。我认为，对运营经验的积累与总结也是我们的一大制胜因素。

每一个成功的标准作业程序都是源于企业对过去成功经验的总结和集成。其实每个企业在运营过程中，都会在不知不觉中积淀很多实际运营经验，积累一些约定俗成的行事准则，我们只需要对这些经验和准则进行总结提炼，就可以得到一些标准化操作步骤，这些就是我们的标准作业程序。

5.2 "非标"行业中的"标准"

企业流程管理，从某种角度来看，其实就是一个实现企业标准化管理的过程，在很多人眼中，分享住宿、分享出行等分享经济领域本身就充满不确定性，当前还缺乏统一的行业标准和规则，属于"非标"行业。非标行业的主要特点就是个性化，但它又必须向标准化方向发展，这本身就是一个自相矛盾的命题。

在途家和斯维登成立的第二年，我参加了一个电视节目，和我一起参加节目的人中有一位中国非常著名的酒店管理集团的总裁，他当时对我们的运营模式提出了强烈的质疑，他说："你这个不行，没有标准，在安全性、卫生管理以及用户感知上都存在很大问题，我认为你这个项目很快就会成为一个失败案例。"

但是事实证明，我们最终活下来了，而且活得还不错，所以今天回过头来看，其实个性化与标准化并不是完全对立的，二者可以共存。极致的成功源于极致的个性，在这个同质化严重的时代中，企业就是要能够不断挖掘并满足用户的个性化需求。在个性化服务的打造上，我们有过很多尝试：

比如说我们把一个儿童房设计成养蛙房，在里面儿童可以打扮成青蛙拍照片；再比如设计儿童主题楼层，在这里，走廊的墙面可供儿童涂鸦，房间里有专门的上下铺，孩子睡上面，父母睡下面，孩子下来的时候可以通过滑梯滑下来；还比如我们曾经在上海南京东路上推出一个充满老上海味道的主题房，靠窗的床，宽宽的走廊……

针对不同的房子，我们还会加入一些额外的个性化服务：比如在市区的别墅，如果是老人来住，我们会派人带他们去一趟附近的菜市场；在医院边上的房间，如果是病人来住，我们会派人给他熬鸡汤送过去；有一个别墅在能看到星座的季节，抬头就能看到天秤座，我们就只允许天秤座的人来预订……

不仅如此，我们每一个房间都可以进行个性化服务设计：装修、设计、水电供应、艺术品、化妆品、智能硬件、陈列、餐饮、伴手礼……用户能想到的一切个性化服务，都可以在我们的房间实现。我会让房主积极尝试任何可能性，唯一的前提就是不能损害我们的用户体验。

真正的个性化应该是取之于民、用之于民。不止一个人曾问我："罗总，你们收房源的时候到底有什么具体要求，比如房间的大小、规格等？"其实这些都主要取决于房屋所有者的研究、决定和判断，他做成什么样，在市场上的价格是什么样，最后的收益就是什么样。所以不是我们要什么样的房子，而是房主准备提供给我们什么样的房子。

在个性化极致体验的打造上，我们还有一个原则：**要做对事而不是把事做对**。所以我们一定要分清楚有效个性化和无效个性化，有很多个性化需求是受众比较关心的，比如疫情期间的卫生安全，这些方面我们不惜任何代价也要满足，但还有一些所谓的个性化是违背我们的原则的，是千万不能碰触的。

这就涉及一些共性化的要求，比如房间要有卫生间、要整洁、接待流程要安全等。因此所有的个性化也一定要建立在严格的管理标准之下。事实上，非标住宿行业的标准化运营一直是民宿行业热议的话题，因为这个行业的特征是分散化与碎片化（包括经营、管理、员工分布等），这就阻碍了民宿的标准化发展。当前，中国的分享民宿领域缺乏统一的服务策略，一致的用户体验。

举个例子，用户住遍全世界所有的希尔顿酒店，可能会发现各个店在品质上会有一定的差异，但不会非常明显。但是民宿不同，用户会在一些细节方面，包括卫生、安全、结算等方面都有非常不同的体验。事实上，在民宿运营上，很难实现统一的电子门锁、统一的床单、统一的打扫流程……因为分享民宿的资源以及人员都是碎片化的，它的房子位置并不固定，可能这里有20间，那里有30间，基本上不可能采用类似经济连锁酒店的"强关联"管理模式。

但是我们可以找到一些方法，至少在用户关心的安全、卫生、客用品、订单等基础服务方面制定相应的统一标准，让用户有所预期地消费。这是我们斯维登一直在做的事情，斯维登的业务类型众多，拥有民宿、公寓、别墅、客栈等很多多元化的住宿产品。毫不夸张地说，我们每个房间都有自己的独特之处，并且我们采用了统一的分级服务标准，让用户在体验个性化服务的同时，体验统一的服务，比如一样雪白的全棉床单、标准的客用品、安全的住宿环境、良好的服务和接待等。这些都有严格的标准，目的就是做到产品个性化和共性化共存。

为此，我们做了很多工作，比如对房源进行现场实拍、验真，大量的分片区培训，统一布草的租赁和洗涤，请保洁阿姨为商户独立服务，还有设置统一的智能门锁……这些最终目的都是将"非标准行业"里的部分环节予以标准化。规模化的连锁管理与统一的服务运营标准，使斯维登可以为广大用户提供有品质保证且丰富多彩的住宿体验。

再举个简单的例子，曾经有用户这样点评我们的房间：房间大、敞亮，卫生也好，冰箱很大很好，抽屉打开有半包盐。这让我感觉很奇怪，因为我们有统一标准，给房间配置的调味品不能是开封的，而且调味品的种类是个性化的，具体要根据当地的情况进行调整。当然，并不是所有房间都必须配备调味品，具体要看是否具备开灶条件。后来经过调查发现这袋盐是上个用户留下的，清理房间时服务员觉得直接扔掉比较浪费，于是就留下来了。所以我们后来又增加了一条规则：吃过的东西不能再留给第二个用户。如果怕浪费，服务人员可以自己拿回去用，但不能留在房间里。

这些工作做得很辛苦，但收效很大。从短期看，完善的标准化服务运营体系有效地提高了产品质量，提升了用户的满意度，斯维登的产品宣传从来不主要依靠广告，更多的是靠用户之间的口碑传播。我们认为，只要能够给用户带来良好的入住体验，用户自然会再来甚至主动推荐更多人来住。通过制定相应的标准，我们的员工也得到了统一的培训管理，管理流程变得愈加清晰。在这个过程中，我们也摸索出了一条发展之路，迭代出更多的新产品、新服务。

从长远来看，标准有了，用户权益就有了保障，整个行业都会变得更加有序，国家监管也就更加轻松了。2020 年 3 月 6 日，国家市场监督管理总局、国家标准化管理委员会发布国内首个旅游度假租赁公寓国家标准《旅游度假租赁公寓基本要求》，作为行业的践行者，斯维登集团作为主要起草单位非常有幸地参与了此次编制工作。国家级标准的发布，从政策层面给行业确定了更为具体的指导方向。

这里为大家讲述斯维登自身的一些体会，目的就是告诉大家，"非标"行业中也可以找到自己的标准。分享经济在各行业落地的过程中，一定不能忽视标准化流程的建立与打造，个性化与标准化相辅相成打造出来的服务才能让用户高度满意。

最后，需要强调的是，在分享经济实现标准化的过程中，你一定要分清哪些可以标准化，哪些绝对不可以标准化。在民宿管理上，我们就非常注重个性化管理，如果和传统酒店一样，将所有的房间都打造成统一的风格，就会失去很多民宿应有的乐趣，所以说该标准化的地方就要标准化，不该标准化的地方要绝对个性化。

5.3　把运作步骤拆解到每一个细节

在效率提升方面，流程管理是企业避不开的话题。就像医生做手术基本上都要经过术前准备、术中配合以及术后处理三个阶段一样，所有业务的进行几乎都有自己约定俗成的程序，一个环节出现错误，可能会影响整个业务甚至整个企业的运作。所以企业流程管理要求我们不能着眼于单个任务，每个人不能只关心自己的责任，而要强调"共同目标"，要求每一个相关人员都向着同一个目标而努力。

　　流程要有详细的工作步骤，有分工，有节点，在流程设定过程中应该秉承一个原则：将服务精细到每一个环节。如果不能把企业需要的操作步骤落实到每一个细节中去，并找到相应的负责人，企业要快速往前发展就是一句空话，即便产品再有特色，也无法承载一些细微的、碎片化的不可控因素，就像洗手，虽然看起来是一件非常简单的事情，但是要真正洗干净，也必须要遵守"六步洗手法"。

　　举个简单的例子，一间房间，至少有 18 个清洁要点，只有把每个要点都精确地梳理出来，并制定相应标准，才能保障每一个环节都达到理想的结果。否则，很有可能出现马桶清理不干净、床单铺得不够平整等一些看似简单，却很容易影响用户体验的问题。

　　优秀的产品永远离不开其背后完整的服务体系和运营体系，企业在制定流程标准时，一定要确保把操作步骤落实到每一个细节中去，做到分工明确、责任到人、可追溯、可被修正，这就是流程的作用之一。

　　此外，每一个环节的执行情况都应该用数据记录下来，形成数据化运营，这样，当出现失误时，管理人员才能够清楚地发现到底是哪一个环节出现了问题。

　　好的流程，往往来自实践。斯维登的流程大多都是从长期的工作中提炼总结而来的。总体来看，我认为，任何一个流程的设计，都应该遵循以下三个要点（图5-2）：

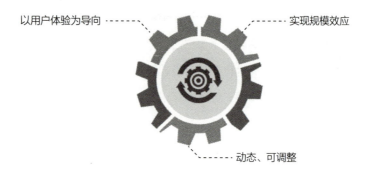

以用户体验为导向 ･･････ ･･････ 实现规模效应

･･････ 动态、可调整

图5-2 流程设计的三个要点

1. 以用户体验为导向

在流程的设定上，用户的满意度永远是第一位的。你的流程设置不能单纯追求自身的方便，而给用户带来很多不必要的麻烦。

举一个小例子，途家和斯维登成立初期，由于房源比较分散，查房就成了困扰我们的一个比较大的难题。我刚到海南时，曾经接触过一家民宿企业，他们采取的方式是：如果用户退房，需要提前一天打电话通知公司，然后公司安排人员等用户办理退房手续时，进行查房。这样的做法存在两个很大的弊端：

第一，如果企业管理的房间达到一定规模，如达到100间、10000间，人工查房很难实现；

第二，很容易引发用户的不满。因为这种预约的方式对时间的要求非常严格，经常会出现这样的情况：负责查房的工作人员由于堵车等原因未能准时赶到，而用户却着急退房赶飞机；或者用户退房前又出现一些情况，比如孩子需要使用卫生间等，需要稍晚办理手续，但是查房人员却着急要赶着去见下一个预约用户，因此不断催促。这两种情况都会给用户带来不良体验，影响用户满意度。

我想，这也是该民宿企业最终没能实现盈利、走向规模化发展的一个重要原因。

对此，我们是怎么做的呢？在前面章节我就曾经提到过，我们有一个非常特殊的规定：不查房。因为用户严重损害房屋内物品的事情本身发生概率就很小，即使偶尔发生，我们的损失也远远低于因为不查房而节省的人力成本支出。最主要的是，我们不查房的这种行为让用户感觉到了我们对他们的信任与尊重，在这样的情况下，用户的满意度有了非常明显的提升。

流程的设定一定要以用户满意度作为第一原则，能够让用户满意的流程才是真正意义上的好流程。

2. 实现规模效应

流程的设定与优化一定要考虑企业的发展规模，一定要能够实现规模效应。企业流程设定的最终目的是提高企业的工作效率，让复杂的工作程序变得简洁，过于复杂的流程很难实现规模化复制。

3. 动态、可调整

在分享经济领域，流程的优化一定要适应多变性和碎片化，因此流程不能是一成不变的，要能够经得起市场和业务的考验。动态的流程才是真正的流程，我当前在公司最主要的职责有两个，一个是打造产品，另一个就是参与流程的调整。实际上，我每天都在针对发现的问题对现有流程进行调整。

比如某一天我发现用户的差评和投诉通常是发生在我们的交易结束后，这时我们已经很难挽回给用户带来的不良体验。因此为了进一步提升我们的服务品质，我决定对我们的业务流程进行改进，要求我们的服务人员在用户入住后半小时之内，向其发短信、打电话表示问候，询问用户对服务是否满意，是否需要我们提供支持等。对于不同的项目所询问的问题也不同，比如在一些偏僻的地方我们会主动询问用户是否需要用车和送机，这样我们就可以及时发现并解决用户的一些问题。

通过测试，50% 的用户接了我们的电话，其中，98.5% 的客人表示非常满意，而且对我们主动问候、表示关怀的行为给予了肯定。我们也通过这个行为发现了企业所存在的一些问题，及时进行了修正，使产品品质有了大幅提升。因此，测试结束后，我正式将这个做法加入到了我们的业务流程中，而且为了提升电话接通率，我们还专门设置了主叫号码显示，接到电话的用户手机上会直接显示斯维登来电。

　　所以流程并不是一成不变的，需要不断调整，我们每周都会开周会，会议上经常对现有的流程提出质疑，如果我们发现一件事情的不良后果是由我们的流程导致的，就会立刻发起对这个流程的探讨，提出新的建议。

　　企业管理主要是管规则和例外，大多企业的周会关注例外，也就是针对这一周的突发事件进行紧急处理，部署需要紧急处理的工作等。一个优秀的周会通常会在开会过程中发现、总结一些普遍出现的问题，通常这样的问题就是由流程导致的，需要我们迅速对流程进行调整。

　　此外，不同城市、不同业务的管理模式也有所区别，所以流程的落实还要与实际工作相匹配，要能够随机做出调整。

　　流程是一个企业战略、理念和有效运营的载体，任何一个企业，在寻求低成本运营策略的过程中，都应以流程管理为基础对业务信息进行整体梳理，确定关键流程点，明确流程目标和关键因素。总之，流程管理绝不是简单设计一张业务流程图或者总结几项标准作业程序就可以，必须要通过企业职能管理层进行不断摸索和改进，是一件长期而艰苦的任务。

5.4 企业流程优化与效率提升五步曲

商业世界瞬息万变，企业管理手段也要随之进行调整。流程管理也是一样，任何流程都不是一成不变的，都需要根据企业发展的实际情况而不断优化，以保障企业能够适应市场形态的不断变迁，满足不断增长的用户需求。因此，在流程设定之后，我们需要不定期对企业现有流程进行梳理，及时发现它所存在的问题，找到需要优化的节点，并观察流程运作状态，随时做出调整或制定出新的流程。这样企业通过流程的优化再造，就能进一步提高运营效率。

流程的优化，大体可以参照以下步骤（图5-3）：

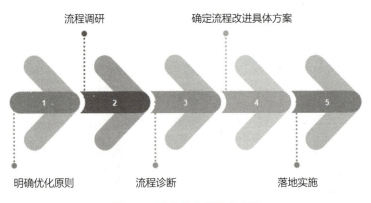

图5-3　流程优化的五大步骤

1. 明确优化原则

流程优化的最终目的是更好地提升企业工作效率、降低成本，实现真正的低成本、高效率运行。因此，在流程运作时，我们应该秉承简单有效、目标明确的原则，设计关键控制点，尽可能避免重复用工，并做到因地制宜，根据项目所在地对流程进行适当调整。

2. 流程调研

流程优化建立在企业现有流程基础之上，要对企业已有流程有一个充分的认识，要通过企业内外环境分析以及相应的用户调查，来了解企业现状，这就是流程调研。

给大家一个判断流程是否存在问题的标准：几乎所有的流程，都是企业为了完成某一目标而设定，如果流程实施之后，所得到的结果与预期有一定差距，那么就说明这个流程是需要改进的（图 5-4）。

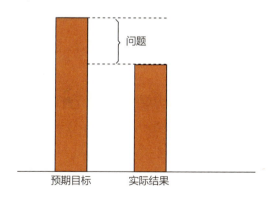

图5-4　判断流程是否需要改进的标准

明白存在差距之后，要通过具体调研，找到差距具体所在。调研可以按照以下几个方面进行：

（1）绩效。绩效是判定流程质量和动作情况最为有效的指标之一，因此我们可以根据企业相关目标绩效完成情况，来了解流程是否还需要进一步调整。

（2）用户反馈。流程设定的原则之一就是要尽可能地让用户满意，因此用户的投诉、差评等都是我们进行流程诊断的重要参考依据。

（3）检查控制。流程设定要满足企业业务发展需要，所以我们需要不定期对流程运作情况进行检查，全面评估流程具体运行情况，并判断是否需要进行及时调整。

3. 流程诊断

流程调研完成后，要进行流程的具体分析和诊断，以明确当前流程所存在的主要问题。在进行诊断时，我们需要对流程进行全面梳理，制作业务流程图和相关说明文件，对流程中的每一个环节都进行具体分析。

在这个过程中，我们需要明确每个环节可能涉及的部门，并适当征求流程具体使用者的意见，以准确找到原有流程的问题所在，并经过深入分析，探寻产生问题的根本原因，形成诊断报告。

这里推荐大家使用一个业内常用的流程问题整理方法：七问分析法，也叫 5W2H 分析法，即用五个以 W 开头的英语单词

（What、Why、Who、When、Where）和两个以 H 开头的英语单词（How、How Much）进行设问，对每个流程进行全面而深入的梳理。

What：是什么？为什么要做这件事？具体需要做什么工作？

Why：为什么要做？可以不做吗？有没有更合适的办法？

Who：由谁来做？为什么是他？有合适的人吗？

When：什么时候做？有没有更合适的时间？

Where：什么地点？为什么是这个地点？有没有更合适的地点？

How：怎么做？具体如何实施？有没有更合适的方法？

How Much：做到什么程度？费用产出如何？有没有更合理的花费？

这看起来可能有些复杂，为了让大家有一个更为直观的了解，我们可以以绩效完成情况为例来进行具体分析：

What：是哪项绩效不合格？为什么不合格？

Who：这件事是谁负责的？有没有更合适的人？

When：哪个阶段绩效效果最差？

Where：哪个地方、哪个项目的绩效问题最明显？

How：怎样才能提升绩效？

How Much：做到什么程度才算合格？

4. 确定流程改进具体方案

完成流程诊断之后，要在流程诊断的基础上，针对其所存在的各个问题，对各流程环节进行简化、补充、替代等工作，确定最终流程优化方案。

（1）简化。对一些内容重复且不会产生更多流程价值甚至与流程价值目标相冲突的步骤进行适当删减、合并。

（2）补充。对流程中一些缺失的重要步骤进行补充，以保障其更为高效地完成工作任务。

（3）替代。在不改变整个流程运行情况的基础上，以更为合适的方式适当取代原流程中一些流程价值贡献度较小的具体活动。

5. 落地实施

落地实施指的是将修订完成后的流程付诸实际操作与运行，根据最新方案重新进行人员、任务分工，制订新的时间、目标管理计划，形成与新流程相配套的监督、激励管理体系。

没有绝对完美的流程，任何一个流程都需要在企业发展过程中，根据市场和企业的具体情况而不断调整和完善。持续的流程优化是一种企业文化，它体现了企业对于持续提升企业效率与产品质量的不断追求，也是企业确保自身在市场竞争中始终保持领先地位所需要坚持的经营管理策略。

第 6 章

成功分享的背后，
是基于组织与人才的底层逻辑

企业实现持续增长需要三大要素：商业模式、企业战略以及组织能力。其中，组织能力是基础，商业模式和企业战略最终都需要组织能力来支撑落地，所以，组织能力才是一个企业的核心竞争力。什么是组织能力？这是一个与个人能力相对的概念，是指企业团队所发挥的整体战斗力。任何一个成功的企业背后，都有一个强大的组织团队在支撑，同样，分享经济的成功落地，也必须建立在组织与人才之上。

6.1　创业需要找到三种人

创业从来不是单打独斗的事情，俗话说"打铁还需自身硬"，创始人自身能力固然很重要，但是再优秀的人也不可能一个人撑起一个企业，一个真正可持续发展的企业依靠的一定是团队的力量。找对人才能做对事，企业在成立伊始，就应该重视团队建设，找到合适的人一起做合适的事，这是创业的第一步。

谈到人才，每个时代，每个企业甚至每个人都有自己的定义，我是互联网公司出身，曾经在思科系统公司（Cisco）服务了 7 年，在甲骨文股份有限公司（Oracle）服务了 5 年。我也是一名连续创业者，在创办途家与斯维登之前，还曾参与创建了新浪乐居。这么多年的经历，让我在企业组织的构建上也有了一些自己的看法，我认为所有的组织结构都是服务于企业的战略目标，所以构建组织结构的关键是考察清楚企业当前的组织形式和目标计划。而且企业组织并不是一成不变的，它也在随着企业的发展而变化。

斯维登最大的一次组织调整就是从途家中剥离出来。很多人认为斯维登是一个新创企业，事实上并不是如此，它是与途家同时起步的，只不过最初是途家的自营房源品牌运营方。可以说，途家能够取得今天的成绩也离不开斯维登的奉献。2017 年，基于企业发展需要，斯维登与途家拆分，实现了战略升级。

从途家拆分出来以后，斯维登实现了脱胎换骨。斯维登开始的项目主要围绕旅游地和度假地的别墅展开，之后开始逐步进入城市，新业务的开展必须有新的组织人员配合，为此我们从外部引进了很多人才。旧员工的流失和新员工的加入给组织机构带来了巨大冲击，产生了各种问题，为此我们对组织结构进行了适当地合并和重组。这是一个非常痛苦的过程，因为稍有不慎就有可能给我们带来致命的伤害。幸运的是，我们最终成功活了下来。

组织结构的重构复杂而痛苦，但这是一件必须做的工作，组织能力如果跟不上企业发展，是一件非常危险的事情。当然，对于初创企业而言，组织结构的搭建与行业属性还有时代的变迁有着直接的关系，但是我觉得无论你什么时候创业，都应该要找到三种人（图6-1）。

1. 合伙人

创业路上困难重重，你需要找到合伙人和你一起共担风险、互补互助。找合伙人其实和找对象在很多方面有异曲同工之妙。

（1）志同道合。合伙人一定要能够与你志同道合。因为拥有共同的理想目标，心就能够捆绑在一起，会愿意一起朝着相同的

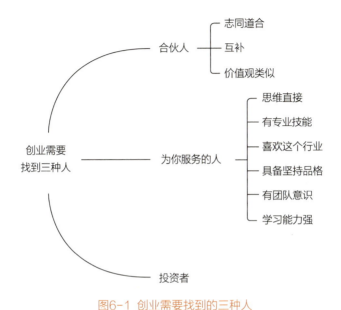

图6-1　创业需要找到的三种人

方向努力，一起承担苦难和风险，这就是合伙最大的意义。你们可以彼此挑剔，可以因为意见分歧而激烈争吵，但一定要相互信任，并且一切都以解决问题为最终目的。

　　现实的合伙创业案例最终以失败告终的不在少数，很多合伙人"散伙"局面非常难堪，为争权夺利而闹得不可开交。在这一点上，海底捞可以说为众多企业树立了一个良好榜样。众所周知，海底捞最初的合伙人有张勇、舒萍（张勇妻子）、施永宏、李海燕（施永宏妻子）四个人，四个人各占 25% 的股份。后来，伴随企业的发展，张勇让自己的妻子离开了公司，并且说服施永宏夫妇以原始出资额的价值将 18% 的股权转让给他，张勇由此成为海底捞的绝对控股人。

这让许多人感到不可思议，施永宏夫妇为什么就心甘情愿低价交出股份？施永宏后来也曾经表示，自己其实最初心里也是有过挣扎的，不过后来想通了，因为他相信张勇作为大股东，有能力让企业发展得更好，这才是他们当初一起创业时最大的初衷，所以最后他愿意牺牲自我利益。

创业是一场异常艰难的道路，如果没有理想和目标激励，真的很难坚持到底。而共同的目标，很多时候是解决问题的最佳方式。关于"志同道合"，这个"志"一定要高远，如果这个"志"就是眼前利益，那么必然经不起各种风波的考验。

（2）互补。人无完人，每个人都有自己的优势和劣势，合伙创业最主要的一个目的就是找人帮你做你不熟悉的事情，比如你是一名技术人员出身，对于产品营销一窍不通，你就需要找到一个擅长营销的人和你一起将企业做起来。

度假租赁市场在中国起步相对较晚，而我也非度假租赁出身，对这个行业背景并不熟悉，因此我在创办途家时，希望能够寻找一些对这个行业相对有一定认知的合伙人能够和我一起将企业搭建起来。所以，我找到了杨孟彤（Melissa Yang）来担任技术总监（CTO）。

（3）价值观类似。价值观本身并没有对错，但价值观不同的人很难聊到一起，无法达成统一意见。

联想集团著名的"柳倪之争"相信大家一定有所耳闻，柳传志和倪光南关系恶化的直接原因就在于两人对重大的战略发展方向抉择不同：走"贸工技"还是"技工贸"路线。柳传志主张先搞好贸易，然后再逐步抢占技术优势，而倪光南坚持技术优先，做好技术研究才能做好市场销售。从根本上来说，还是两个人的价值观出现了分歧。

很多夫妻离婚的原因并不是出现了家暴、出轨等重大原则性问题，而是在于双方价值观不同。合伙创业也是一样，只有合伙人之间的价值观高度一致，团队才能足够团结，不然早晚分道扬镳。

除此之外，还要注意的是合伙之前，一定要讲好规则，确定好相应的权利和义务，而且要形成书面文件。中国人一向重情谊，讲究"哥们义气"，但是在商场上，共同利益永远高于个人情谊。我常常说"在家讲感情，在企业则一定讲规则"，为什么很多合伙人可以在创业早期一起承担苦难，却在企业取得一定成绩之后矛盾重重，最终分道扬镳？就是因为在创业之初没有确定好规则，在遇到利益分配问题或者重要合伙人出现分歧时，没有可以解决问题的依据。没有规矩，不成方圆，创业合伙绝不能只靠义气，有了制度才能更为长久地走下去。

2. 为你服务的人

为你服务的人主要是指企业的用工人员，这些人来企业工作主要是为了满足其生存需要以及理想等一些其他的追求。他们不需要每天思考企业的商业模式，只需要做好自己的本职工作。在找这些人的时候，一定要先想清楚他需要做什么工作，然后针对性地进行交流。

途家刚刚成立的时候，我去三亚招聘服务员，招了很长时间都没有招到。那时，我们贴了很多招聘广告，有一天，一个阿姨打电话询问招工的事情，我很详细地和她讲了我们企业的经营模式，告诉她我们的酒店是分散式，很多地方都有，这种模式在美国非常有名。聊了很长时间之后，阿姨说了一句"骗子"便挂掉了电话。之后，我开始反思，我哪里做错了？为什么一直招不到人，后来我得出了一个结论：我不应该和一名最基础的员工讲企业的经营模式，告诉她我们的房间是分布式的，而是应该更多地和她谈具体工作、工资待遇，比如"五险一金，包住宿"等。

无论你在找什么职位的人，招聘的时候一定要更多地与其交流具体工作内容，不需要过多强调经营模式，即使是和其讲经营模式，也更多的是为了引发他的工作兴趣。

而在选人上，我也有几点自己的看法：

第一点，要有思维比较直接的人。在面试高管时我曾经问过面试者这样一个问题：桌子上放了 17 个杯子，杯口全部朝下，把你的眼睛蒙起来，你随便挑一个把它翻开，让它杯口朝上，然后将所有杯子的顺序打乱，你再重新摸，第二次，如果你又摸到了一个杯口朝下的，要再把它翻过。如此反复，你至少需要操作多少次可以保证所有杯子口全部朝上？听到这个问题，大部分人的第一直觉是去思考排列组合问题，很少有人在 30 秒内便给了我正确答案。其实这个问题答案非常简单，一共 17 个杯子，所以你至少要 17 次才可以保证把所有杯口全部朝上。当年我拿这个题目问我不到十岁的孩子，她马上就回答出来了。所以这是一个考验面试者思维直接性的问题，很多人做事情只注重表面，没有以结果为导向的直接性思维，这样的人很难做好管理。

第二点，要有具备专业技能的人。不能是对这个行业、这个职位一无所知的人。

第三点，要有喜欢这个行业的人。我招聘员工特别是产品设计人员的时候非常喜欢问对方一个问题："你喜欢旅游吗？"大多数人一听就会明白我的意思，基本上都会回答特别喜欢，我接下来就会问他们一年长途旅行几次，周边游几次，最有趣的一次旅行是哪一次，有趣在哪里等，基本上通过他的描述我就可以发现其是不是真的喜欢这个行业，是不是真的从旅游中获得乐趣。如果没有足够的兴趣，你很难发现其中的秘密，设计出真正让用户满意的产品，也很难坚持下去。

第四点，要有具备坚持品格的人。面试过程中，我通常还会询问面试者平时坚持的一些事情以及最后坚持的结果，并且会通过简历去了解他的工作经历。一个人的经历能证明他能不能坚持，如果一个人每两年就换一个工作，那么他就不是我想要的人。在员工日常培训过程中，我也经常向他们传达"坚持"的意义，告诉他们坚持不容易，但是坚持的结果会很棒，而且过程更美妙。

我们的一位门店店长曾经和我说，在我所有的分享中，让他印象最深刻的内容就是"什么是坚持"。门店一线的工作比较烦琐和辛苦，是跟消费者接触的直接窗口，而这位店长加入斯维登只有两年，和其他店长相比算是新人。所以在工作过程中，经常会遇到困难，但是她本身就是一个非常懂得坚持的人。无论是之前负责的公寓门店，还是现在负责的别墅门店，业绩都完成得比较出色。她告诉我，看到我分享的这个话题之后，她深有同感，半夜也不自觉地点赞，因为她深知坚持的意义。

这里要分清"坚持"与"执着"的区别，更高层面上我们鼓励"执着"，因为在更多意义上，它是主动的追求，而非被动的"坚持"，且当事人内心也是完全不一样的。

第五点，要有具备团队意识的人。美国哈佛大学心理学教授乔治·赫华斯（George Hevas）博士曾经通过研究得出这样一个结论："与同事真诚合作是成功的九大要素之一，而言行孤僻、不善与人合作是失败的九大因素之首。"我认为一个没有团队意识的人，一定不会是一名好员工。所以我在面试时会特别留意一个人是怎样评价自己、团队和企业的，通过一些问题我们可以从侧面了解这个人的团队意识。

第六点，要有学习能力强的人。我经常会发现那些学习能力强的人，即使他进入一个完全陌生的行业，哪怕是他没有相关经历，他也能迅速掌握相应的知识技能，并在工作中快速转化为应用方法。这样的人具有一个明显的特征，那就是他的逻辑思维很清晰，他能够及时发现问题、分析问题，最终解决问题。至少在我接触过的众多店长中，具备这样科学思维方式的人学习能力都不差。

3. 投资者

你找投资者，不仅仅是找他的钱，更为关键的是要看他能够给你提供什么。大家认为融资很难，其实在我看来融资并不难，真正难的是有些投资人投钱进来以后，并不能给你提供有效建议，你还是要自己摸索，这往往会带来糟糕的结果。就像是你在卖鞭炮，别人花钱买了鞭炮让你放，但是你们两个人都不知道应该如何点火。最后不知道怎么点着了，一不留神还将眼睛炸瞎了。

所以，融资重要，融智更重要。千万不要只盯着投资者口袋里的钱和资源，他脑子里的想法才是你最需要的东西。我对那些"算大账"的投资人比较有兴趣，这作何理解？其实投资人和团队之间也应该是一个互补关系，投资人本身要对这个行业非常有兴趣，要能够看清这个行业的未来和发展，而不是着眼于眼前的得失，这就是"算大账"。所以我希望投资人不要过多干涉经营业务，因为投资人一旦介入到经营中，企业就会面临很多问题。但是投资人一定要有格局、有耐心、有资源，能够适时提供一些帮助。

以上就是我认为创业时应该找到的三种人，找到你需要的人后，你一定要和他聊天、沟通，要让他知道为什么要与你合作。员工的招聘、选用、培育、分配等是一个长期的工作，需要很多技巧，大家一直谈企业管理，在我看来，企业管理的关键其实就是人的管理，这是一项非常重要的工作。

经常有人问我，为什么途家、斯维登发展速度这么快？其实任何一家企业，能够取得快速成长一定有很多方面的原因，比如说整体社会形势、赛道选择、商业模式……但其中最难也是最重要的一点就是在人的寻找和管理上，因为人是企业发展的根本动力。

6.2　分享经济模式下的组织结构变革

作为一种全新的经济模式，在互联网以及各种先进科技的支撑下，分享经济逐步被应用到各个领域，从房屋、车辆分享到各种闲置资源的分享，再到空间分享、人才分享……分享经济的快速崛起在给人们创造了巨大经济效益、衍生出更多社会价值的同时，也对传统行业的诸多运营方式提出了新的挑战。分享经济所提倡的开放、分享、协作、节约，使传统企业资源配置方式和生产组织方式都得到了极大的改变，这样的情况下，企业必须对企业组织结构、运营方式以及管理方式进行创新，以使其与分享经济模式更为匹配。其中，组织结构的变革最为明显。

　　总体来看，我认为分享经济模式下的组织结构变革主要体现在以下几方面（图6-2）：

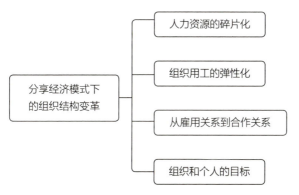

图6-2　分享经济模式下的组织结构变革

1. 人力资源的碎片化

　　分享经济最典型的特征就是碎片化，其人力资源也呈现出明显的碎片化特点。

　　我们以途家为例子，从某种程度上讲，途家其实可以算是一个线上运营企业，其业务和工作人员分布在全国各个地区，但其系统管理人员、程序人员等都主要集中在总部北京。各地区人员，即使是同一地区的人员工作地点也不确定，同时由于我们的房源也比较分散，所以企业在人员的管理上也呈现出碎片化的特征。

人员的碎片化管理，通常需要借助管理工具，比如我们可以借助钉钉实现异地打卡，人到哪里就在哪里打卡。同时，由于人员分布呈现出碎片化的趋势，我们很难将所有人集中在一起进行线下统一培训，但是我们可以要求员工每天在固定时间内回答三道选择题，使员工通过对碎片化信息的积累，逐步接受企业的管理制度和业务逻辑。

在业务协同上，我们除了讲求协同意识，更采用了"小鱼易连"等视频会议工具，既节约成本，又使得团队的协同更有效。

2. 组织用工的弹性化

2020 年突如其来的新冠肺炎疫情使许多企业都遭受了重大打击，但其实也让我们从中学到了一些东西。新冠肺炎疫情本身是一件充满不确定性的事情，这种不确定性考验的其实是企业的应变能力。规则是死的，人是活的，我们要随时能够对我们的制度、企业战略、用工制度等进行调整。

我的一个朋友在北美工作，疫情暴发后我问他是否需要到单位上班？他说需要，因为他们的工作需要交互，否则会出现问题。但是人群聚集就会面临疫情扩散的危险，那么，他们是怎么做的？他们选择采取错开上班的方式，让一部分人早上 7 点来，

12 点下班；一部分人 10 点来，下午 2 点下班；一部分人下午 1 点来，下午 5 点下班……

除了错开上下班，电话会议、云办公等在线办公方式开始被越来越多的企业和个人所接受，总之，新冠肺炎疫情催生了各种各样的组织和协同模式的创新。

举个具体的例子，疫情防控期间，人们线上购物需求激增，为了解决急切的用工需求，阿里巴巴旗下的新零售平台"盒马鲜生"开始尝试与一些餐饮企业合作，实现员工共享，让在家待业的餐饮店员工临时为"盒马鲜生"工作，在解决自身用工需求的同时，也为餐饮工作者提供了一份收入。

我一直认为，任何的成功、成长，一定会面临一定困境，但是大灾大难之后，一定有大福，我们不能忽视每一次灾难，要从中积累到一些经验，而对企业灵活用工制度的思考就是我们从这次疫情中得到的启示之一。

事实上，在劳动力成本日益增加的今天，即使没有疫情的冲击，企业也有必要思考如何通过创新的用工管理模式，来实现以最低的成本创造最大的价值。特别对于实行分享经济模式的企业而言，因为分享经济的本质是把闲置的资源暂时分享给有需要的人，以实现资源价值的最大化，所以分享的时间和频率完全取决于需求双方，当别人有需要而你又恰好有闲置资源的时候，交易才能够成立。这种交易的不确定性给企业用工的分配造成了极大的难题，比如节假日的房屋成交率会明显高于工作日，下雨天的外卖需求量会大于天气正常的时候，但是如果我们为了满足这些特殊时刻的用工需求而盲目增加用工人员，无疑会使我们面对巨大的用工成本压力。这时就必须要打破传统用工模式，实行弹性化用工，在此方面我们斯维登有一些自己的创新，可以提供给大家参考：

在某一固定区域内，通常不是只有我们一家民宿企业，也有其他企业采用了我们的系统，比如青岛的协信公馆一共有近 600 套房间，其实这些房间并不是一家企业在经营，而我们的主要工作是向这些经营者提供系统，对他们进行赋能。但是进入实际作业时我们发现一个问题，那就是用户入住时间不确定。如果每家公司都以 24 小时安排人值班，那么在人力成本上是一种巨大的浪费，对此我们是如何处理的呢？我们采用了横向联盟的方式，在一楼大堂设置两名专门的接待人员，每天 18：00 当各家经营者下班后，所有用户由下面大堂统一接待，也就是说晚上我们系统内的所有企业共享这两名员工，这样，这两个人的成本分摊到每家企业上就会变得很低。

在横向联盟的基础上，我们还采用了纵向联盟的方式。举个例子，我们每一个地区晚上都有可能有用户下订单，而且和酒店不同，由于民宿类产品具有个性化特点，许多用户需要和我们的服务人员进行交流。但是我们也不能每个门店都 24 小时安排管理人员等候订单，因为夜里下单的用户毕竟是少数，为此，我们采取了一项措施：在夜里固定时间内，所有用户的咨询将都通过路由传输到总部，我们在总部设置了一个专门的晚班团队来处理全国的订单和用户服务需求。

在分享经济模式下，我们通过"横向联盟 + 纵向联盟"的方式，可以说将用工做到了极致。

3. 从雇用关系到合作关系

随着分享经济的发展，组织边界将变得越来越模糊，人才资源的分享也会越来越被用到极致，很多人（比如会计师、律师）的专业能力等就会被分享，他们将不再服务于某一固定企业，而是可以同时向多家企业提供服务。为了实现低成本、高效率运营，企业管理者也要开始考虑更加灵活、弹性化的用工模式，特别对于一些知识密集型组织，就可以通过雇用外部技术人员、抢占技术人员空闲价值的方式来以最低的成本创造最大的价值。

所以碎片化用工时代，企业管理者应该拓宽用工思路，使得劳动者的价值尽可能得到最大程度的开发和利用，用工范围并不一定局限于本企业员工，其他企业员工在业余时间也可以为你服务。比如我们很多打扫卫生的阿姨都是酒店工作的保洁阿姨，下班后根据自己需求自由接单，进行兼职。这样一方面可以增加服务人员的收入，另一方面也满足了我们的灵活用工需求，是一件双赢的事情。

过去企业组织与个人通常是通过各种契约牢牢绑定在一起，二者属于雇用关系，而在分享经济新型用工模式下，企业与个人之间已经不再是纯粹的雇用关系。

比如一名设计师，他可以选择不去企业上班，而是通过某些平台找寻企业发布的用工需求，通过平台同时为多家企业服务。

对于企业而言，世界各个角落的每一个优秀人才都能为其所用，而对于个人而言，每一个企业都可以是其服务的对象。这时，企业与个人之间的关系更像是合作。

4. 组织和个人的目标

过去，个人成为企业一员后，在企业文化的渗透和影响下，将逐步与企业成为一体，把自己的劳动力贡献给企业，企业目标就是个人目标。而在分享模式下，个人开始崛起，企业与个人是完全独立的存在，两者的目标也是独立的，企业只是个人实现自身价值的一个平台。

我们举个最简单的例子，滴滴上的司机、美团上的外卖员，他们都不是完全为滴滴、美团打工，更多的是在为自己工作。

企业的发展离不开组织变革，变革的目的是通过自我革新的方式打造一个更合理、更高效的组织。分享时代下，企业的经营思维与管理理念要与时俱进，企业组织也要随之进行变革。在组织打造上，没有永恒不变的成功经验，市场在演变中不断创造出新的机遇与挑战，企业要随时保持高度警惕，通过适当的组织变革实现对人的激活。毕竟，组织与人才是企业永恒的核心力量。

6.3　懂人性，才能做好管理

组织管理其实就是一个与人打交道的事情，在企业里，如果员工怕你，那么他一定不会愿意和你说真话，那么你就永远没有办法真正走进员工的内心。从创业开始，我就一直在思考怎样拉近自己与员工的距离，比如，有没有一件事情是大家都喜欢的？后来，我发现很多人都非常喜欢吃茶叶蛋，于是我就推出一个非常有意思的文化——茶叶蛋文化。我开始认真研究茶叶蛋的做法，希望能够把茶叶蛋做成员工此生吃过的最好吃的茶叶蛋，不仅所有食材都用一级的，制作过程也非常讲究。这样，茶叶蛋成为我和员工之间的一个连接纽带，员工们都认为这是他们职业生涯中碰到的一个很奇特、很有趣的现象。而且在员工领取茶叶蛋的过程中，也能观察到他们的性格，因为员工都需要排着队领取茶叶蛋，所以中间会有交流，这时我们会看到有一些人比较谦让，也有一些人比较急躁。

除了拉近我与员工之间的距离，我还希望借助茶叶蛋文化向大家传递一个道理：把一件事情做到极致，才能成功。我做茶叶蛋需要十几道工序，中间有很多独特的方法，比如茶叶蛋不是敲破的，也不是煮破的，而是把蛋放在装有水的铁盘子，搅拌旋转，让蛋壳轻轻碰裂，达到蛋壳虽然裂开但里面的膜并不破的效果。而且茶叶蛋其实不是煮熟的，而是浸泡熟的，所以浸泡茶叶蛋的汤很重要，我做茶叶蛋的汤经常是前一天晚上就要熬，然后第二天早上还要加热。

此外，我还想告诉大家：做任何事情都是有成本的，如果你想获得成就，你就要有投入和付出。我制作茶叶蛋的所有材料都用的是一级的，里面放的是整块的品牌火腿，酱油也是一级品牌，鸡蛋则一定会选一周内新鲜的蛋，茶叶也会选择高品质的，整体算下来，一锅茶叶蛋的成本真的很高，但是也确实好吃。所以，最好的东西一定需要投入成本。

从煮茶叶蛋这件非常小的事情上，我向员工传达了以上几点认知，我认为这样的做法一定会比每天反复口头强调更容易让员工记住。最好的管理不是将一堆所谓的理论与规则强行灌输给员工，而是通过循循善诱、以身作则的方式，让其心甘情愿接受你想要其了解和接受的东西。管人，最重要的就是管心。

谈到组织管理，我有几点小建议想要分享给大家（图6-3）。

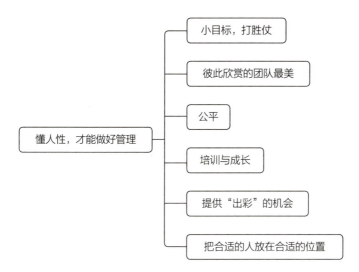

图6-3　组织管理的六个要点

1. 小目标，打胜仗

人才是需要激励的，而这激励绝不仅局限于金钱上，人的欲望无止境，如果你只是一味通过金钱把人留住，那么你的员工会奢求更多。我这里想要强调的是要让用户看到希望，具体操作方式是把我们的目标设得简单、较小，让员工可以实现。

不要反复强调"我们最后要上市，要成为一个千亿企业，要让分享经济成为主流"这样过高的目标，对于大部分普通员工而言，这些目标是虚无缥缈的，并不现实，自然无法起到激励作用。我们要做的是将大目标拆解成无数个可行的小目标，要让员工看到完成的希望。小目标完成的成就感会让人信心倍增，打胜仗是最好的团建活动，每次完成小目标后，员工都可以得到一次正面激励。

这里给大家讲一个非常典型的将大目标拆解成小目标的故事，1984年东京国际马拉松邀请赛上，日本选手山田本一出人意料地战胜了许多知名运动员，爆冷取得了冠军。之后，山田本一又在1986年意大利米兰举行的马拉松邀请赛上再次夺冠。很多人对他的夺冠秘籍非常感兴趣，但是他却守口如瓶，只说自己是"凭智慧战胜对手"。

后来，他在自传中对这个问题进行了阐述，他说每次比赛前他都会仔细勘察、研究比赛路线，并记下一些重点标志，将其作为自己的目标，比如第一个目标就是一家银行，第二个就是一个红房子……这样，40多千米的赛程就被他划分成了许多个小目标，每次他只需要全力以赴冲向下一个小目标即可。每完成一个目标，他的心里就会非常轻松愉悦，会更有信心面对下一个目标，而不是被距离终点的遥远路程给吓倒。

山田本一的故事告诉我们，当目标规划变得切实可行时，其激励作用就会得以显现。而且，因为小目标更容易完成，我们可以不断看到结果，这可以进一步激发员工工作的信心和动力。

2. 彼此欣赏的团队最美

我前面曾经提到过，在选择员工时我有一个非常重要的观点，就是一定要有团队精神。没有绝对完美的个人，但是有相对完美的团队。企业发展依靠的不是某个人的力量，而是整个团队。在这个群体作战的时代，团队成员之间要能够看到对方的优点，互相欣赏，互相鼓励，互相成就，这样才能营造良好的团队氛围，一群人向着同一个目标共同努力，从而更好地完成任务，形成一支无坚不摧的"铁军"。

3. 公平

企业要为员工提供绝对公平的工作、竞争环境。在家讲感情，而在企业只能讲规则，我们不能根据个人关系的亲疏来决定对待员工的态度，必须做到真正地尊重劳动、尊重人才。公平的背后就是尊重，只有让员工感觉到尊重，他们才会愿意长久地陪你走下去。

这里我讲一个令人印象深刻的小故事，为了增加用户回头率，斯维登曾经推出过一个优惠活动：用户在某个房子入住以后，可以得到一张体验券，下次在房子的空闲时间，用户就可以凭借体验券免费入住。结果我们的一个经理，就利用出差的机会入住公司项目，获得体验券后，通过渠道变卖获利。这件事情后来被反映到了我这里，我非常痛心，这位经理业务能力非常强，但是我还是决定把他开除了。因为这是底线问题，规定好的事情必须要做到一视同仁，不能有例外。

什么叫企业文化？我的理解是它其实很像家族里的家规，任何人不能违反，比如说我们家规定：在做饭的人没有坐下来吃饭之前，其他人都不允许先动筷子，即使是小朋友也不可以。所以，我们处理违规事件，最终目的是维护团队的公平。

4. 培训与成长

每个人都希望能够成为更好的自己，所以他们希望企业是一个能够让其成长、变得更优秀的平台，而不是变得更差。

我们举个例子，一贴中药，我们需要加水对其进行煎、煮、熬，但是如果只是一味地熬，一味地索取，总有一天会将其熬干，这时中药就变成了药渣，失去了价值。

如果员工在你这里看得见自己成为药渣的一天，那么他一定不会愿意留下来，等你将他熬干。所以我们在获取员工价值的同时，还要对其进行赋能，最简单的方法就是培训，助力其成长。要想留住员工就要给予他充分的尊重，公平的环境是一种尊重，帮助他成长，让他获得更好的成绩同样也是一种尊重。

5. 提供"出彩"的机会

保持人才的凝聚力，避免人才流失，非常重要的一点就是要给人才提供可以展示自己的舞台，让其有可以"出彩"的机会。"士为知己者死，女为悦己者容"，能够让员工展示自身才能、实现个人价值的企业才是员工真正需要的企业。如果一个人感觉不到自己存在的价值，那么他肯定不会长久待下去。

举个简单的例子，我们知道企业业务的开展和战略目标的确定与企业发展情况息息相关，有些企业在一些特定的阶段中，可能缩减在某些方面的投入，比如市场，将发展重心投入到别的地方，这时这个企业的市场负责人可能就会觉得自己在这里并没有用武之地，就会萌生离开的想法。

6. 把合适的人放在合适的位置

其实什么是人才并没有一个固定的标准，很多人，你放对地方就是人才，放不对，就是"废材"。没有最好的员工，也没有最差的员工，只有合适与不合适。俗话说"天生我才必有用"，把合适的人放到合适的位置上，每一个人都可以成为人才。

我们企业就曾经发生过一件悲剧：我们一个设计师，个人能力非常出色，我非常看好他，于是让他担任设计总监一职，负责设计中心的管理工作，还专门为其配置了很多人员，配合他工作。

但是没过多长时间，他就向我提交了辞职报告，这让我感到很诧异："为什么工资涨了，职位也涨了，他反而离开了？"他走以后，我才知道原因：原来在设计这一行业有两种人才，一种是设计师，他专业能力很强，有梦想，有创意，可以通过设计实现自己的梦想和创意。另一种人是设计师管理者，他的主要工作并不是设计本身，而是协调、平衡各设计师之间的关系。好比一种人是工程师，一种人是销售，但是我却让有梦想的工程师去做销售工作，所以他的离开也就是一件理所当然的事情。

理论上来说，我们在寻找人才时会更倾向于找那些经验丰富、专业能力强的人，但是这样成本很高，所以，在这个过程中我们就努力去寻找一些合适的人，让合适的人做合适的事。

我曾经和企业的几个管理层一起去体验我们在北京周边的一个项目，我们当时住的是一个实施现代化管理的四合院，这个项目位置有些偏僻，在一个村子里面，我们转了半天也没有找到。这时，突然碰到一位阿姨问我们找谁。在听到我们的回答之后，阿姨便把我们带到了准确位置，并且为我们精心准备了当地的农家饭。然后阿姨向我们告别并告诉我们说吃完饭把碗放在那里就可以，之后她会过来收拾。

我发现这个项目的组织管理非常有意思，它的工作管理都是严格按照公司要求操作，包括卫生、安全等，但是它的用工非常弹性化，主要面向当地的村民，有客人来阿姨们就会来招待、服务，如果没有客人，平时她们就做自己的工作。客人来了，需要服务的时候她们会过去，将客人吩咐的事情做好，不需要的时候还是在自己家里做自己的事情。

对于阿姨来说，这个工作可以在不耽误自己家里活的同时，额外获取一份收入。对于企业而言，当地村民特别熟悉本地情况，沟通也很畅通，可以为用户提供很多有用的信息，这些本地阿姨，就是企业所需要的"人才"，这就是非常典型的让合适的人做合适的事。

我们经常说要找到合适的人，让其为我所用，但是很少有人考虑人才本身是如何想的，真正"合适的人"是他适合你，同时他觉得这件事也适合他，他愿意为你工作，双向的合适才是真正的合适。只有当人才愿意全身心为你工作时，他才是人才。

说到底，管理是洞察人性，真正好的企业管理者，一定都知人心、通人情。这就需要你了解员工，站在员工的角度看问题，和其平等交流。特别是新时代下的年轻一代，他们的思维观点、价值观等与上一代相比，是存在较大差异的，所以我们的管理方法也需要与时俱进，针对员工特点进行相应调整。

我很少看综艺节目，但是却把《奇葩说》一集不漏地全看了，有些甚至看了几遍，原因是我的女儿特别爱看这个节目。我和女儿两人相差 30 岁，她觉得这个节目很有意思，因为节目讲的都是他们年轻人感兴趣的东西。我喜欢通过研究节目组成员的思辨过程，了解自己与年轻一代的差距，虽然我可能并没有办法改变自己，但是至少我可以通过节目分析理解我女儿这一代——90 后的思维方式，理解之后，我们才能做到正确引导，实现互相协作。真正有效的沟通都是建立在理解之上，如果你们彼此之间无法做到相互理解、无法正常沟通，那么根本谈不上协作。

人才不是捡来的，是用"心"一步步培养起来的。只要懂得人性，没有做不成的事，没有管不好的组织。

6.4　培训是给员工和公司最好的礼物

社会在不断向前发展，企业服务方式与技术也应该与时俱进，不能一成不变，所以企业的每一个人都应该学会与时代需求接轨，不断适应时代变化，适时参加培训，提高自己的专业素养。学习能力是组织的核心竞争能力之一。不管是今天还是未来，竞争永远比的是谁学得好、学得快、学得最有效。

对于员工而言，培训是其提升自身专业技能和自我价值的最为有效的渠道。好的企业、好的组织要能够让员工成长，适当通过培训给员工赋能。对于企业来说，员工培训是一项重要的人力资源投资，是建立学习型组织的最佳手段，也是提升组织效益、增强用户体验的重要途径。通用电气（GE）原董事长兼 CEO 韦尔奇（Jack Welch）曾经说过："通用电气的核心能力之一是员工将培训机会转变为工作技能，并创造价值。"

可现实中，很多企业培训的现状并不乐观，不是曲高和寡，就是隔靴搔痒，或是东施效颦，最后进入了一种自娱自乐的烧钱误区。之所以这样，是因为很多企业管理者对于培训没有一个明确的认知。

综合个人经验，我认为培训应该注意以下几点。

1. 培训要做到全员化

其实，关于培训的重要性，我在创业之初并没有真正静下心来思考过，直到有一次我遇到我原来在思科的老板林正刚。

林正刚老师一直以来身受中西方两种文化的熏陶，经常行走于各大跨国公司之间，积累了丰富的管理经验。他非常擅长企业管理的培训，尤其是在营销培训上有自己独到的见解。在那次会面中，我特意咨询他："林老师，我们企业刚刚创立，也没有什么资金，那我们有没有必要进行培训？"他非常肯定地告诉我："培训一定是要做的，这个你必须要听我的。"

我当时很无奈："林老师，我现在刚刚创业，非常忙，我自己根本没有时间去培训啊！"没等我说完，林正刚老师就打断了我："培训不是对你或某个人进行培训，而是你们整个团队都要进行培训。这是你目前最需要做的事情。"

　　就这样，在林正刚老师的建议下，我给创业团队的所有高管都报了相关的培训课程。那时公司才刚刚步入正轨，虽然拿到了融资，但是资金也非常紧张。即使是这样，我认为我们也有必要适时给员工赋能，所以一咬牙给大家报了培训课程。正是从那时候开始，我意识到了员工培训对于企业的重要性，在此后的发展过程中，培训一直是我们非常重视的一项工作。

　　当然，我们的培训不仅局限于高管，而是涉及每一名员工。在林正刚老师看来，企业对全体员工的培训越有效，越能吸引员工，越能发挥人力资源的高增值性。

　　在斯维登，即使是一名有着多年酒店工作经验的保洁阿姨，也必须要给予必要培训，确保把我们的具体要求传达到位，要让保洁阿姨知道我们需要她把清洁工作做到哪一步，要看得懂我们的 18 项清扫点并执行到位。

　　人员培训的前提是企业管理者对自己的需求有清晰的认知，要知道自己需要什么样的人去完成什么样的事情，明确这一点，才能进行之后的员工培训。因为所有的培训都必须有目标、有目的地进行，这样才能达到理想的效果。

2. 培训是对企业文化的校正和思考

企业培训不仅仅限于专业技能的提升，还关系企业文化的方方面面，这包括企业价值观、经营理念、道德准则等方面的校正与思考。为什么团队成立之初就要进行培训？其实最主要的原因有两个：第一，很多团队成员之间没有共同语言，大家都在鸡同鸭讲，自然容易出现问题；第二，不要小看企业文化和商业模式，有些东西大家认为是一样的，实际上它的细节经不起推敲。

说到这里，就要谈到我们第一次高管培训时遇到的一些小插曲。在那次培训中，林正刚老师让我们做了很多练习题，然后对这些练习题进行针对性分析，结果发现我们几个人在很多方面的想法是有分歧的。就这样，培训结束没多久，大家因为想法不一致，最后不欢而散。后来还有两个参加培训的高管找到我说："罗总，我们回去要重新考虑一下，我们分家各干各的吧。"我们辛辛苦苦坚持了这么久，终于拿到融资了，好不容易在全球市场建立了一定关注度，许多投资人也都表示对我们很感兴趣。可是因为一节培训课，合伙人却要散伙，我觉得这是非常不可思议的事情。

好在这些冲突并不是我们团队成员彼此间的利益冲突，所以还是比较容易解决。后来，我们坐下来一起认真研讨这些问题，通过各种分析，大家最终找到了共同语言。所以林正刚老师的这次培训对于我们来说极其重要。

这次培训也让我意识到，创业者在做培训时越早越好，越早发现问题，就会越早解决问题。当我们真正静下心来思考以后，我们会发现想象中的美好生活和我们的实际生活并不一样。

在斯维登，新员工刚刚入职的时候，我们一定会对其进行整体培训，除了基本工作流程和技能的培训外，最主要的是向员工传达企业的价值观，增强员工对企业的认同感，确保将一线的想法传达到每一名员工。新员工培训是传递企业信息的过程，也是一个立规矩的过程。在我的新员工培训会上，曾经有一名员工表现得非常自由散漫，全程一直在盯着自己的手机，我当场就将他辞退了。而且新员工培训如果有人迟到，那么这两天的培训他就无法参加，只能回去等一个月以后的下一场培训。

3. 培训要注意效率和方式

培训不是一味打鸡血、描绘蓝图，而是要让人能够有一些实质的收获，比如提升技能。当然，适时的激励必不可少，但是一定要建立在现实的基础上，否则培训就会变得毫无意义。在岗员工需要适时通过培训来提升自己的专业技能，使其专业知识、技术能力都达到更高一层标准。斯维登每周都会组织多次专业技能培训课程，这是提升员工专业能力最为有效的渠道之一。

在员工培训上，我们非常注意培训的效率和方式。因为我们采用的是分享经济模式，业务非常分散，所以我们经常采用一些碎片化的培训方式，通过碎片时间将碎片化的人员整合在一起。也因为我们的业务非常分散，所以我们采用的培训方式也是灵活机动的。

比如说，在斯维登内部，我们有一个独特的培训方式：每天都要进行一次考试。听上去比较恐怖，其实很简单，就是每天中午 12 点吃饭之前，要在系统上回答 3 道题目，这 3 道题都是选择题。我们的问题设计也并不是全部十分枯燥，星期五这一天的问题和我们的行业、公司业务基本上没有关系，都是一些非常有趣的问题。比如玛莉莲·梦露（Marilyn Monroe）是哪一年去世的？而且每天的测试题目都会有出题人，考完以后大家还可以在系统上对这个题目匿名扔鲜花或扔鸡蛋。如果你出的题目被扔的鸡蛋最多，那就说明你在这方面还有欠缺。所以考试这件事情，不仅是考在学生，也是在考老师。

就这样，我们坚持到现在差不多十年。最明显的好处就是我们通过碎片时间将碎片化人员整合在一起。试想，一个人如果每天学习 3 道题目，一年 200 个工作日，就可以了解 600 道题。这种方式让全员都有了知识积累，员工的成长速度可想而知。

此外，我们斯维登的培训绝对不是理论的，我们都是基于推出的新产品、新业务或者一些周期性的工作进行在线培训，这样可以使大家的脚步尽量保持一致。培训其实无处不在，可以随时进行，比如春节放假之前，我会请同事们开设书单，让员工利用春节的业余时间看书，每看完一本，就可以和大家进行读书分享，告诉大家这本书的主要内容以及对这本书的理解，这其实也是一种特殊的培训方式。

　　总之，培训的种类多种多样，培训的目的不同，方式也有很大差异性，比如新员工分享更注重严肃性，专业技能培养注重的是专业性，每天做三道题则注重的是灵活性和有趣性……但无论何种形式的培训，我们最终追求的是电子化学习（e-Learning），但在这里最主要的不是强调学习的方式，而是学习的逻辑。传统的学习方式更多的是老师在上面讲，学生在下面听，是以老师为核心，老师向学生强制灌输知识。而我们所提倡的电子化学习是以学生为核心，根据"你要学什么"向老师和社会索要学习内容。我希望企业的每一名员工都能主动确定自己的学习目标，比如你是一名质检工作者，你觉得自己哪些方面能力还需要提升、在哪一个方面有缺陷，就可以向上级反映，然后针对性地进行培训学习，借助外部资源帮助你成长。

　　培训有期，学无止境，勤则可达。培训是企业永恒的话题，也是给员工最好的礼物。企业一定不要吝啬在培训上的投资，迄今为止，我对于斯维登的培训仍然有很多不满意的地方，一直在尝试找寻一些新的、效率更高的培训方法。

第 7 章

激励管理术:
让团队成员保持专注

在劳动力越来越少且越来越贵的时代背景下，每一个企业有必要通过设置合理的激励制度来吸引并且留住人才，让团队运作更为高效。每一个伟大的管理者都是激励大师，能够最大限度地激发出员工潜能，并让其保持专注和热情。人们常说"世上先有伯乐而后有千里马"，我认为，企业中先有擅长激励的管理者，然后才会有像千里马一样的优质员工。

7.1　谈钱是对员工最好的尊重，但只谈钱肯定不行

人是恒温动物，人的身体大多数情况下处于一个稳定的状态，为了使其发挥出更多的作用，需要适时进行激励管理。心理学研究表明，每个人都有巨大的潜能，一般情况下，人们在正常工作时只需要发挥 20%~30% 的能力就可以完成基本要求，而在某些特殊条件下，经过有效激励，人们的能力可以发挥到 80% 以上。也就是说，激励能够使人们开发出高于平时四倍左右的能力，而且激励还能让人保持对一件事情的专注和热情，所以，在企业组织管理过程中，激励机制的设置非常重要。

如果要对激励机制进行具体划分，我认为主要可以将其分为金钱激励、目标激励、情感激励以及价值提升激励几种模式。

1. 金钱激励

金钱激励又可以分为薪酬激励、福利激励和股权激励。

薪酬激励很好理解，其实就是指员工工资，薪酬分配一般遵循"按劳分配、按绩取酬、以岗定级、以级定薪、岗变薪变"的原

则，根据员工的职位、能力、业绩等确定员工的薪酬；福利激励则是指薪酬以外的奖金、奖品等，包括带薪休假、社会保险、食宿补贴等多种形式；股权激励也是企业常用的一种激励措施，主要是面向企业核心员工发放股权，让其以主人翁的身份参与到企业的建设之中，与企业共担风险、共享利润，从而激发员工的自主服务意识。

2. 目标激励

目标激励主要是指为员工设置目标，为员工确定努力的方向，从而激发其工作积极性。常用的方法有：将企业发展目标阶段化，并将其作为团队共同目标引领所有员工一起努力完成；让员工参与到目标的制定中来，并明确规划出目标的具体实施步骤；目标制定要秉承着"跳一跳，够得着"的原则，不能很容易实现，但一定要是可以实现的，绝不能"画大饼"……

除此之外，榜样激励法也是企业常用的一种目标激励方式，榜样的力量是无穷的，树立榜样最大的意义就是为所有员工树立一面旗帜，让人有方向地去提升自己，激发员工的积极性。因此我们可以通过设定优秀员工评选等方式，对于一些有突出表现的个人或集体给予表彰，激励更多的人向他们学习。

优秀员工的优点可能只是体现在某一个方面上，不一定是业绩，可能只是一件小事，但是这件事情对公司的文化却有非常大的影响。比如曾经我们的一名员工在工作时遇到了一位突发疾病的客人，及时将其送到了医院，期间一直在做简单的抢救工作，即使客人吐了他一身也没有在意，事后被他救助的人专门来对其表示感谢，我们也为此对这名员工进行了表彰。

榜样不能是固定的，人人都有成为榜样的机会，这样才能更多地激发大家向榜样学习的动力。

3. 情感激励

情感激励就是指从员工的情感入手进行激励，有时候，给人爱与尊严远胜于给人金钱，比如关怀激励，时刻关心员工，了解员工需求，随时为其提供帮助，尤其要考虑到一些特殊的情况。

比如我们的一名员工，之前工作一直比较积极、负责，很少出现差错，但是有一段时间却失误率很高，而且整个人状态非常不好。发现这种情况之后我就开始调查原因，结果发现是因为他的母亲刚刚被确诊有癌症，需要住院开刀，他非常担心，但是他的家庭条件又比较困难，需要他工作来承担母亲的治疗费和生活费，所以又不敢轻易请假。了解这个情况，我找到他，告诉他这段时间可以在家办公，让他在母亲出院后，将家里安排妥当再来单位办公。结果他非常感动，在他母亲做完手术的第二天他就回到了公司，他说母亲的手术很成功，现在有姐姐在照顾，单位的工作也很繁忙，担心自己在家办公会耽误进度。

人心都是肉长的，我们不要机械地、片面地去看待任何一名员工，很多问题的形成有多种因素，所以我们考虑问题要周全一些。

4. 价值提升激励

价值提升激励就是通过为员工创造更多价值来激发员工的工作热情，包括：①授权管理，人都有进取心，管理者可以通过给予员工更多的权利来激发其做出更优异的成绩；②荣誉激励，通过发送证书、通令嘉奖等方式，给予员工一些头衔、名号，以激发员工的荣誉感；③成就激励，帮助员工取得更为优异的结果，让其拥有更多成就感；④晋升激励，为员工提供更多的晋升机会，对绝大多数员工来说，这种激励最为有效。

在斯维登，资深经理（M3/P3）及以上岗位每季度评定一次，经理（M2/P2）及以下岗位可根据岗位情况补缺，不定期评定。只要达到任职条件，每个人都有机会得到晋升，而且员工还可以根据自己的职业发展需求选择晋升通道（图 7-1）。

除此之外，我认为对员工进行培训其实也是价值提升激励的一种方式，有效培训可以让员工的工作效率更高、工作更轻松，避免走更多的弯路。

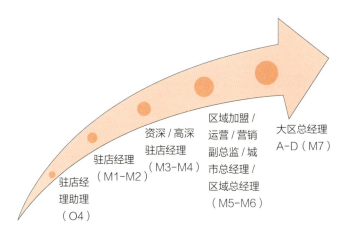

图7-1　斯维登公寓/欢墅门店管理晋升路径

　　激励的方式并不固定，每个企业都可以根据自己的实际情况找到最合适的方法，有时针对不同的项目、不同的员工，还可以采用一些个性化的激励方式。

　　大家都知道，斯维登集团起步于海南，所以海南一直是我们重点发展的一个项目基地。因为海南岛四季如春，所以冬天这里就成了许多人度假的首选，旅游度假人数增多带来的是住宿需求的激增，为了满足海南的用工需求，每年冬天我们都会组织一批员工上岛服务。这时，为了激发大家工作的兴趣和积极性，我常常会提出一些口号，比如"百日会战、海南暖冬计划"等，以激励这些员工在岛期间出色地完成任务。

　　总之，对企业而言，构建员工激励机制是一件重要且复杂的工作，管理难，管理人心更难，如何通过有效的激励手段最大限度地提高员工的积极性、实现企业长期稳定的发展，是一门永远值得探讨的课程。

7.2　CEO 不具备绝对的权力，但要有绝对的担当

企业在起步初期，规模较小，这时候 CEO（总经理，创业初期或小企业的 CEO 与创始人多是同一个人，但是随着企业越来越大，这两个角色就不一定重合了）掌握绝对的权力，凡事亲力亲为没有问题。但是一旦企业逐步走向正轨，业务范围逐步扩大，企业管理越来越复杂、烦琐，这时 CEO 很难做到面面俱到，如果还是"什么都管"，最后结果就是自己累得筋疲力尽，却什么也没有做好，所以一定要努力将自己从具体而琐碎的事务中解脱出来。而且术业有专攻，卓有成效的企业管理者必须懂得授权给下属，让每一个决定都变得更为严谨、专业。管理的最高境界不是让下属绝对服从，而是最大限度开发并应用下属能力，并全力给予支持。

有一天晚上，我和我的合作伙伴开会，会议中对方提出一些观点和我们讨论，我们讨论到凌晨一点半，最后，我告诉对方第二天我和我的首席运营官（COO）、首席财务官（CFO）商量后再

给予其明确答案，对方很吃惊："你不是 CEO、董事长吗？这点问题你还不能拍板吗？"我说我们需要测算，最终我要听对这件事有绝对责任和权力的 COO 的意见，他的决定才是最重要的。

管理应该尊重科学，任何一个管理者都不可能是万能的，其脑袋一热的"拍板"可能是盲目和武断的。CEO 不具备绝对的权力，这也是我从过往惨痛的失败经历中总结出来的经验教训。

斯维登的业务种类繁多，过程复杂，一个项目从开始和用户、房地产商接触，到项目签订合同，到最后的测算、筹备，再到上线、试运营、正式运营，中间过程非常复杂，要经历很多个环节，如果都靠 CEO 来做最后的决定，一方面，CEO 的时间和精力有限，另一方面，由于业务所涉及的专业维度非常多，如果让 CEO 掌握绝对权力也会对项目的安全性产生较大的影响。

在很多专业领域，CEO 其实是外行，做决定时难免有疏忽，后期很有可能引发很多错误。我就曾经犯过很多次类似的错误，没有从专业角度考虑项目的可靠性，结果项目上线之后出现了各种各样的问题，在进行复盘时，我的同事们得出了一个结论，造成项目失败的一个主要原因就是我越俎代庖了。

凡事都让 CEO 自行决定，看起来效率很高，但是实际上很可能会带来很多的后续麻烦。而且这样还很容易引发企业内部文化的扭曲。别人会想："既然可以这样操作，那以后就都让老板拍板好了，既然到凌晨一点半他扛不住了，以后我们就开到两点，他一定会妥协。"长此以往，公司的规定就都成了摆设。

除此之外，权力适当下放也是一种有效的激励方式，将权力交给下属，代表的是信任，这样更容易激发员工的工作热情。在21世纪的今天，以"90后"为代表的新一代员工正在逐步成为职场当中的新兴力量，受成长环境和所接受信息影响，这一代员工的事业观和人生观都和上一代有着较大差异，他们喜欢挑战，渴望自由，期待认可，藐视权威。我们很难做到让他们无条件服从，需要适当地放权，特别是在分享经济的碎片化用工模式下，企业的管理方式应该更加向建立信任机制、权力适当下放上倾斜。

权力下放听起来简单，但是在实际操作过程中，也会出现许多问题，我认为真正的权力下放应该遵循以下三个原则（图7-2）：

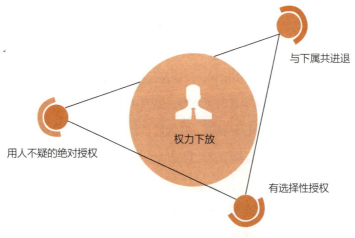

图7-2 权力下放的三个重要原则

1. 与下属共进退

在权力下放上，很多管理者犯了认知上的错误，错把授责当成了授权，他们认为我将这件事情交给你了，如果失败了就要你负全责，但在具体决策上，你可以提建议，最终还需要我"拍板"。最后的结果就是事情做对了，是你决策正确，做错了，下属担责。这是对权力下放最大的误解。

真正的权力下放，要求管理者能够做到与下属共进退，一味批评、强制性布置任务，只能把下属推到对立面。在出现问题时，作为领导千万不能为逃避惩罚而将所有责任都推卸到下属身上，而是要思考自己的问题，和下属共同承担责任。把责任推给下属，把好处留给自己，永远无法激发下属的工作热情，无法起到真正的激励作用。

当然，与下属共进退并不代表告诉员工"你放手去做，失败了算我的"，这种方式虽然可以激发员工工作的动力，但是却无法培养其应有的责任心。"授责不授权"不可取，"授权不授责"同样也不可取，所以管理者可以承担责任，但不能承担全部责任。员工在享有相应的权力时，也必须要承担与之匹配的责任。

2. 用人不疑的绝对授权

授权还要给予下属充分信任，做到真正的"用人不疑"。这里涉及一个非常重要的法则——拜伦法则，这是由美国内陆银行总裁大卫·拜伦（David Byron）提出的，拜伦法则的核心意思就是要求管理者在将某件事的权力交给他人后，就将这件事忘掉，不得以任何形式进行干涉，要让员工拥有足够的自主感和主动意识。

举个例子，在企业管理上，我和 COO、CFO 的权力是分开的，我们各自有各自负责的领域，在这十年时间里，我虽然有时候也会参加由 COO、CFO 主持的部门会议，但是我只是为了学习和了解更多的内容，有时我也会发表一些我的看法和疑问，但绝不会参与到具体决策中来。更多的时候我是在做笔记，有时候我在他们的会议上旁听一天，说的话也不过是五六句。

真正的授权是要把事情决策权分配给个人，CEO 不能过多干预。如果你在副驾驶位，老老实实坐好就可以，不要试图指挥司机，既然已经将方向盘交到司机手中，就要相信自己的眼光，如何驾驶就要完全由他决定。这种"拜伦法则"式的信任，可以极大地提升管理效率，激发员工士气和信心。事实证明，没有领导的干涉，下属反而更容易自主完成任务。

给大家讲一个关于管理的小故事，提起希尔顿酒店，相信大家都不陌生，它的创始人康拉德·希尔顿（Conrad Hilton）可以称得上是世界酒店之王，他所创下的希尔顿酒店遍布全球各地，资产高达数十亿美元。我认为他的成功很大一部分要归功于其用人之道。

希尔顿酒店中的大多领导阶层都是由基层逐步提拔上来的，希尔顿非常信任这些拥有丰富经验的管理者，在职务范围内给予了其最大的自由，让他们可以尽情展示自己的管理才能。偶尔有人出现问题，希尔顿也表现出极大的宽容，不仅不责骂他们，还耐心为其分析错误的原因和改正的方法，并安慰鼓励他们说犯错是一件非常正常的事情，自己当初也做错过很多事情。正是由于希尔顿的这种宽容和信任，下属对其充满了感激和忠诚，工作时更为认真负责。

希尔顿之所以提倡绝对授权和其早期的经历息息相关。希尔顿出生在美国新墨西哥州圣·安东尼奥镇，1907 年受美国经济恐慌影响，希尔顿一家生活陷入了困境。为了维持生活，一家人开了一家"家庭式旅馆"。后来父亲将旅店经理之职交给了他，但是在这期间希尔顿却饱尝了"有名无实"之苦，也许因为他太年轻，而且旅馆是当时全家的主要经济来源，经不起失败的打击，所以父亲对希尔顿处处进行管制，希尔顿根本没有任何机会证明自己。这让希尔顿心理非常不舒服，所以在他创业之后，他对自己所选择的负责人给予了充分的信任。

授权以后还去干涉，其实是 CEO 对下属不信任的一种表现。希尔顿的充分放权，展示了其对下属的信任、尊重和宽容，从而极大地鼓舞了员工，激发了员工强烈的责任感和参与感，成功打造出一个和谐、愉悦的工作环境，让整个团队同心合作，这是希尔顿集团能够取得迅速发展的重要原因之一。

3. 有选择性授权

并不是所有权力都可以下放，企业的原则、文化等一些不能修改的东西是不能授权的，因为一旦授权，就相当于转移权力，让这些东西可以进行修改，这是不允许的。

最后，需要强调的是，对下属绝对授权，让其充分发挥自主能力，独立经营，并不代表 CEO 就可以彻底放手，CEO 还需要建立明确的授权体系，进行权力、责任的明确划分，做到真正的明责、明权，同时建立健全监督、审计以及考核机制，做到奖罚分明，这样才能将激励作用发挥到最大。

7.3　只看结果的管理，结果一定不会好

很多企业的管理者都非常喜欢讲一句话"我只看结果，不管过程"，我怀疑说这句话的管理者是否真的懂管理。虽然说好的结果是每一个人、每一个企业的最终追求，是一个人能力的最真实的体现，但是没有过程，哪里来的结果？其实，我认为管理最重要的就是管过程，因为结果是死的，是一个既定的结局，从某种角度来看，管理已经产生的结果是没有意义的。

比如我们要求一个员工一个月必须成交 30 单，但是他只成交了 5 单，这时候你再去追责、惩罚他其实意义并不大。相反，如

果你在他谈单的过程中就发现他的问题，比如为什么别人平均和用户电话交流的时间为 15 分钟，他每次只聊几分钟便会被人挂断电话？为什么别人打 5 个电话就能获得一个意向用户，而他却需要打 20 个？他的问题出在哪里？是销售话术有问题？还是目标客户不够精准？找到他的问题所在，然后针对性地给予指导，才能帮助他取得更好的结果。

在阿里人的眼里，没有过程的结果，就没有办法复制，没有结果的过程，就会毫无产出。阿里人一针见血地指出了管理的精髓：结果和过程同样重要，我们不能忽视其中任何一方。他们有个非常著名的"管理三板斧"，理论针对基层管理者的三个指标是"定目标、追过程、拿结果"。但许多管理者在实践的时候却非常容易忽视"追过程"的环节，一味强调结果，这里，我想送给大家一句话"过程做得好，结果自然好。"所以，管理者千万不能只会定目标和看结果，要让管理具体落实到过程之中。

斯维登有一套特殊的体系——OTR，其中，"O"是英文单词 objective 的首字母，代表着目标；"T"是英文单词 task 的首字母，代表着任务；"R"是英文单词 result 的首字母，代表着结果。这是针对每一名员工设定的一套自发性目标管理体系。

每一个人都要针对自己的具体工作确定好自己的目标和任务，其中还要对每个目标进行具体拆分，要明确为了实现大目标，过程中要完成哪几个小目标，分别要通过哪些任务完成。最后还要对每项任务和目标的完成情况进行总结，以方便员工进行自我评估和回顾，找到自己的不足之处，针对性地进行改进（表 7–1）。

表 7–1 OTR 设置调整示意表

大目标	小目标	任务	结果	重要性	权重	完成情况（自评 – 文字）	关键结果得分（自评）	完成情况（文字 – 领导评）	评分结果（领导评）
01	01	1		重要	30%				
		2							
		3							
	02	1							
		2							
		3							
02	01	1		重要	30%				
		2							
		3							
	02	1							
		2							
		3							
03	01	1		重要	30%				
		2							
		3							
	02	1							
		2							
		3							

注：①目标栏填写来自业务边界、组织职能、岗位职责、主要项目等。

②权重栏填写 3~5 个重要任务的权重。

③评分结果栏中，重要项必须单独评价，非重要项整体评价。

企业管理者也可以根据员工的 OTR 及时发现并纠正员工的问题，对其进行相应的工作辅导。和传统关键绩效指标（Key Performance Indicator，KPI）最大的不同是，KPI 完全是以结果为导向的，而我们的 OTR 则更偏向于过程和内容，其最终目的就是为了实现对员工工作过程的管理。

真正的高级激励并不是得到表扬和鼓励，而是获得成就感。对于员工来说，最大的内发动力其实就是来自成就感。过程管理并不是指严格监视和控制员工工作，而是通过一些手段（图 7-3），了解并协助员工解决工作过程中遇到的一些困难，使其更好地完成目标，达到理想的结果，所以做好过程管理本身就是对员工的一

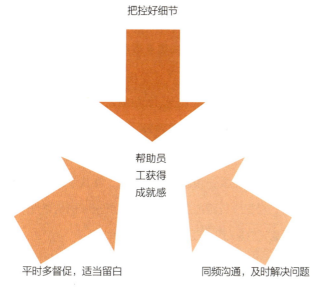

把控好细节

帮助员
工获得
成就感

平时多督促，适当留白　　　　同频沟通，及时解决问题

图7-3　做好过程管理的三个主要手段

种激励。

1. 把控好细节

我们斯维登的三个核心管理人员——CEO、CFO 和 COO 都是会计师出身，所以我们对过程中的数字比较敏感，我们的"基因"决定了我们更看重过程，或者说是看重过程中的结果。怎么理解？我们以营销为例，比如营销部门计划一个月产品销售量要达到 1000 件，管理人员不能只盯着"1000"这个结果，它其实只是个方向，管理要落到具体的实施过程中，了解销售人员的具体工作状态，将结果具体到每个节点，比如每周、每天要成交多少，把控好每一个细节。

举个具体的例子，我们的房源获取首先要看哪些项目已经签完合同但是还没有实现正式运营，这中间要经过很多环节，比如物资准备、人员培训、房间清洁、价格制定等，管理者不能只知道发号施令，而是要将管理落实到每一个细节上，确保每一点都执行到位，过程管理好了，才会得到好的结果。我们为什么要建立跑道系统？它的主要作用就是助力起飞，在这个跑道上要清除所有的阻碍，根据飞行距离适当给油并拉升至不同的高度。跑道系统其实就是我们进行业务过程管理的一个工具。

现在很多员工都喜欢新鲜，厌烦枯燥的东西，很容易在工作中"想当然"。身为管理者，你有责任和义务让员工避免"想当然"。好的管理，应该更加注重对员工行为的管理，把控每一个细节。把细节做好，少一些"想当然"，才会更容易取得理想的结果。

有一次，在去一个门店检查时，我随机进入了一个房间，这个房子整体都非常好，卫生很到位。但是，我来到卫生间时，发现其中一个漱口杯仔细看有一些水渍。于是，我就把该门店的店长叫了过来，就这件事情和她开了一个座谈会，讨论这个杯子为什么会不干净。我们当时就做了很多探讨，比如用什么材料的物品、什么样的方法来擦杯子，怎样培训清洁卫生的阿姨等。最后，我们让这个门店形成了一套非常清晰的公寓卫生打扫标准作业程序。

这些可能是线下运营管理中很小的事情，但是做好这些细节，不仅直接提升了企业的服务品质，还成功培养了一个好的干部。上面提到的这名店长叫曾云，来斯维登已经快 10 年了，在其来到公司马上 10 周年的时候，很多人在微信群中向其道贺，她当时发表了一些感悟，感谢这近 10 年里公司对她进行的职业习惯的培养，这不仅对她的职业，还对她的人生都产生了非常重要的影响。

2. 平时多督促，适当留白

激励一个人不一定总是要给予他鼓励和奖励，平常多督促，也是一种激励。人都是有惰性心理的，需要适时督促。在传统制造企业，大家的作息时间差不多，工作的方式也基本固定，但分享经济企业不同，每个人工作的时间和模式都有很大差别，所以就更需要加强监督管理，时刻督促员工保质保量地完成任务。

当然，督促也需要适度。有心理学研究表明：如果父母对孩子过于严厉，时刻盯紧，孩子就很难集中注意力，因为他要将注意力中的大部分放在观察父母、如何应对父母上。所以很多时候，孩子的注意力不集中是因为父母干涉过多，需要父母适时放手。在绘画和摄影中，都有一种叫作留白的构图方式。比如你拍摄植物园的植物照片，照片上的植物密密麻麻，看上去让人觉得非常沉闷。这时，你只需要将镜头稍稍上抬一点，1/4的天空配合3/4的植物，拍摄出来的画面可能就会让人觉得很舒服，这就是留白。

管理孩子和员工也一样，需要适当地留白，让他们有自由的空间，这也是一种非常重要的激励方式。

举个例子，我曾经带领过一个做城市短租的开发团队，这个团队中有三位负责人，他们大概负责管理六个城市。当确定好分工以后，我迅速地给这三位负责人开会，帮他们分析要实现的季度开发目标、可能会遇到哪些问题和问题的有效解决方法。开完会以后，就让他们去执行，在这个过程中，我基本不会去干涉，只是会在周末的总结会议上适当地给予他们一些善意的提醒："怎么样？你们人都找到了吗？有什么困难吗？"并适时提供帮助。

员工有自己的奋斗的目标，没有人希望每天被别人抽着鞭子向前走，所以管理者要懂得适当地留一些空白给他们。

3. 同频沟通，及时解决问题

过程管理有一个非常重要的原则就是要在员工无助、需要帮助的时候及时帮助其解决问题。我常常要求我们的管理者每天都一定要了解自己员工的工作情况，要知道自己的员工在做什么，做到同频沟通，这样才能给予员工更多的支持和帮助。很多企业都要求员工每天向上级发送日报，其实在我看来日报并不是简单的汇报工作，还是在向上级"反映问题"。

比如在斯维登，我们的日报格式是这样的：

第一部分是日常的工作，每一名员工必须把一天的工作全部写下来，目的就是让上级知道自己天天在做什么。

第二部分是员工工作的重点和难点，将自己遇到的困难描述出来。

第三部分是员工工作的量化表述，记录清楚自己今天的每一个关键数据。

第四部分是第二天详细的工作计划。

通过日报，管理者不仅能够清楚地了解到员工的工作内容，还会了解到他的困难，及时向他提供帮助。

我常常说："问题出在前三排，坏人就在主席台。"什么意思？如果管理者发现底下员工都有问题的话，那么问题的根源一定在管理者自身。企业如果想要员工创造好的结果，就必须要注重过程管理，把握好过程中的关键结果，做到有标准、有反馈、有辅导，这样才能将结果控制在预期范围内。

7.4 没有压力就没有动力

谈到员工激励，相信很多人首先想到的就是涨工资、发奖金、给福利，其实激励并不等于鼓励。从形式上看，激励可以分为正向激励和负向激励两种，正向激励主要以激励、褒奖等方式为主，对一个人的行为进行正面强化，从而激发员工继续行动的积极性，这是一种主动性的激励。而负向激励则主要是指通过批评、处罚、淘汰等方式对一个人的行为进行反方向的强化，以杜绝这种行为再次发生，这是一种被动性激励。在员工激励过程中，正向激励和负向激励相辅相成，二者缺一不可。

没有压力就没有动力，没有要求就会懒懒散散。真正的激励不光要给予员工金钱激励、权力激励、成就感，还要适当给予压力（7-4）。

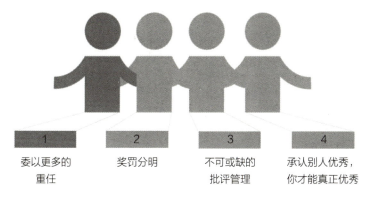

图7-4　员工压力激励的四种主要方式

1. 委以更多的重任

对优秀的员工要委以更多的重任，让其能力一步步得到提升，能力越大，责任越大，如果他能够做到 100%，就不要让他停留在 99% 的边缘。

2. 奖罚分明

企业在管理过程中，要设立明确的奖惩制度，做到有奖有罚，对于成绩突出者予以奖赏，同时也要给玩忽职守、损害企业形象、业绩差的人适当惩戒。但是在惩罚的过程中，不能忘记一件事情：惩罚不是目的，惩罚的过程其实是在帮助员工成长。这样的惩罚才是有效的。

在斯维登，我们有一个非常特殊的惩罚措施——"关小黑屋"。

当然，并不是真把人关在小黑屋中，而是在我们对某项技能进行培训后，通过点评，找到一些对于技能掌握并不是非常到位的人，在会议结束后连续两天对他们进行一对一的单独帮扶。就像老师在讲台上讲课，学生水平参差不齐，总有一些人跟不上，这时就需要单独为他们"开小灶"。我们的"小黑屋"虽然名义上是一种惩罚，但实际上就是"开小灶"。

奖罚分明是检验企业执行力建设的重要标准之一。奖励过高不但起不到应有的激励作用，还会促使员工产生骄傲自满的情绪，阻碍其进一步成长；而奖励过低也无法调动员工的积极情绪，起不到激励效果。同样，惩罚过重会让员工失去对企业的信任，产生不满和懈怠情绪；惩罚过轻则无法对员工起到应有的警戒作用，让其认识不到错误的严重性。所以企业在设计奖罚制度上要考虑多方面因素，尽可能做到公平、公正，如果奖罚不适当，还不如不做。

3. 不可或缺的批评管理

适当的批评也是重要的管理手段之一，可以帮助员工及时认识并改正自己的错误。但是，要记住批评一定是建立在帮助员工取得更好进步的基础之上，而不是管理者自我情绪的宣泄。

批评是一门艺术，恰到好处的批评非但不会引发员工反感，反而会对其产生一定的激励作用，促使其向着更好的方向发展。

举个具体的例子，在某个会议上，我表扬了很多部门、很多人，并且重点谈到了某个部门，提到这个部门的不足之处以给企业带来的不良影响。我对这个部门的负责人强调，他影响的不仅是他自己，还是整个团队的士气、工资和奖金，甚至是整个公司的业绩完成情况。当管理者把整个公司发展的压力压到一个人身上的时候，这个人就很容易产生集体意识。

当然，在对员工进行批评的时候，还要看具体情况，看批评是对人还是对事。对事的批评，可以在公开场合进行。但是如果是对人，一般不适合也不建议在公开场合进行，在公开场合我提倡还是要尽量以鼓励和表扬等正面激励为主。

为了让批评能够取得理想效果，在批评前要尽量做好充分的调查工作，了解员工犯错的过程、原因，以及问题的严重性等，对情况了解得越透彻，越能更好地解决问题。

除此之外，批评还要注意语气，不要冷言冷语地批评，要摆事实、讲道理，可以采取先扬后抑的方式，先对其一些行为表示肯定，再指出不足之处，这样更容易让人接受。虽然说忠言逆耳，批评就是忠言，但是能让人听进去的忠言才有效，所以我们可以选择用一个不太"逆耳"的方式去表达。

4. 承认别人优秀，你才能真正优秀

号召员工去学习其他企业突出之处，也是负向激励的一种。我

一直相信，只有看到别人的优秀，感受到压力，才能让自己变得更优秀。

比如，有一次我曾经组织我们的高管去一家企业学习，当时我们用了整整一天去学习这个企业管理以及运营中特别突出的地方，从中找到我们不足的地方，激发大家的危机意识，告诉大家永远不要故步自封，认为自己就是行业中的第一名，要知道别人的进步也非常快。

企业管理者要不断地向员工灌输危机意识，不能沉浸在"企业很强大"的成就感中不能自拔。商业社会非常残酷，永远都遵循着"适者生存，优胜劣汰"的法则，你不进步，就会被淘汰。

培养员工的危机意识，除了向其他企业学习，还可以进行文化渗透。在这一点上，我非常佩服华为，这是一家将危机意识深扎到骨子里的企业，并不是所有企业都有勇气问一声"下一个倒掉的是不是自己？"但华为时刻都在思考这个问题，只有承认自己并没有那么强大、承认别人也很优秀，这样才有不断前进的动力。

任正非深知"生于忧患，死于安乐"的道理，为了培养员工的危机意识，2007 年，任正非曾经进行过一次非常大的内部改革，要求在华为工作满 8 年的 7000 多名老员工，全部主动办理离职然后再次竞争上岗，工作岗位和工号都要重新调整。这样做的目的就是为避免老员工论资排辈、居功自傲，影响企业发展。

　　一个人如果长期处在安逸、没有压力的环境中，可能会在不知不觉中逐渐退步，所以适当地给予压力，也是激励员工的一种极佳方式。压力管理的目的不是让员工长期处于紧张的情绪中，而是让其认识到自己的不足并变得更好。我们常常会通过一些排名的方式来分析员工行为，向员工施压，比如在成本管理上，我们会调查员工机票预订的提前时间，了解他们坐飞机出差时是工作时间多还是非工作时间多……这些看起来有些残酷，但是却能够让真正的优秀者脱颖而出，让真正有问题的人也暴露在阳光之下。

　　人们常说"疾风知劲草"，如果员工愿意成长为"劲草"，企业就要为它提供"疾风"，没有疾风是成不了劲草的。如果企业提供给员工的是温室大棚，那么他就可能变得越发平庸。

第 8 章

品效合一：
没有转化的营销不是好营销

企业所有的经营活动都是为了活下去，为了实现更好的盈利。前面我们围绕分享经济模式，讲述了商业模式、系统管理、流程管理以及组织与人才的管理，是不是做好这些企业就能够获得更高的利润呢？答案是否定的，在这个信息化高速发展的时代中，"酒香也怕巷子深"，如果你不懂为自己呐喊两声，不懂如何去营销，再好的产品也有可能被淹没，这样前面所做的一系列努力都将成为无用功。所以，营销转化是企业生存发展的命脉，是企业经营活动的核心之一。

8.1　分享经济下的营销变革

长期以来，营销一直是企业整体经营活动中非常重要的一个部分，是企业盈利的重要保障。时代在不断向前，用户的生活方式、消费方式以及消费需求在不断发生改变，企业的营销方式也必须随之变化。在分享经济浪潮的冲击下，营销领域也发生了一些变革。

1. 分享已成为重要的营销方式

在移动互联网取得迅猛发展的今天，移动社交已经成为人们的生活常态，艾媒咨询（iiMedia Research）发布的《2020—2021 年中国移动社交行业研究报告》显示，2020 年中国移动社交用户规模已经成功突破 9 亿人。随着移动社交的兴起，分享开始逐步发展成为一个重要的营销方式。

举一个例子，如果企业研发出了某款新产品，需要进行推广，传统的营销模式是选择重要的营销渠道（如主流媒体）做广告，通过优惠活动对产品进行大量推广。但在分享经济模式的影响下，这种营销模式发生了改变，企业可以发动内部资源的力量，让员工以及消费者在自己空余的时间，通过微信、抖音等各个渠道对产品进行宣传，影响他的朋友，让他的朋友再将产品推广到其朋友圈内，从而实现产品的裂变宣传。

谈到营销，很多企业特别是互联网企业都非常推崇一个模式——营销漏斗模式，该模式也被称为"搜索营销效果转化漏斗"，漏斗从上到下展示了展现、点击、访问、咨询以及成交这五个主要环节（图8-1）。

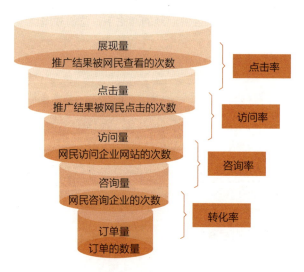

图8-1 营销漏斗模式

但在分享经济以及移动社交的影响下，该种漏斗模式也悄然发生了变化。今天的人们拥有更多的自我选择权，在没有特殊需求的情况下，通常不会刻意去注意网站或平台所推送的广告，甚至会因突然蹦出的广告而影响心情，品牌广告被用户点击的概率通常较低。但是，人们对于朋友分享的信息却通常抱有较高的接受度，所以让一个用户接受品牌信息最为有效的方式并不是营销漏斗，而是另一个用户。在这样的情况下，企业的营销方式也开始更多地向分享倾斜。

过去，旅游产品的营销更多的是依靠用户的主动搜索，比如用户要去五台山旅游，就会去携程等平台上输入关键条件，进行搜索和选择。而在分享经济模式的影响下，用户开始受到社交化分享的影响，营销更多地倾向于被动营销。比如一个人在斯维登订过房之后，感觉非常不错，我们就会鼓励他发朋友圈，把一些有趣的事情分享出去，其朋友看到以后，会觉得"哇！原来你在这里住过，住得好吗？不错的话改天我也带家人去体验一下。"

分享是人的天性，人们喜欢与别人分享自己的喜悦与忧伤，希望通过分享得到他人的认同和支持，使自己产生"被需要"的感觉，找到归属感与安全感。如果仔细观察，不难发现大部分 App或者网站平台上，基本上都有"一键分享"的功能，在我看来这是一个非常好的分享营销工具，能够有效利用用户的碎片化时间和资源，与更多用户建立连接，从而实现用户的裂变增长。

分享经济的发展，给营销领域带来了新的思考：我相信，未来企业最大、最有效的营销资源，并不是所谓主流媒体上的宣传广告，而是每一个用户的分享力量。

2. 从渠道模式到合伙模式

在分享理念的影响下，企业与渠道之间的关系也发生了改变。过去，营销讲究渠道为王，最常见的营销策略就是"广告＋渠道"，产品生产出来后先花费巨资通过中央电视台等各种渠道进行广告宣传，然后再将产品铺到商场、超市等各个消费者可以直接购买的地方，从而实现产品的销售，企业与渠道之间更多的是一种短期利益关系。而在分享经济的影响下，企业的营销模式也发生了一些差异变化，开始由简单的渠道模式向合伙模式发展。

上面我们曾经提到分享经济给营销领域带来的重大影响之一就是将分享变成了一种营销方式，这种营销方式的核心就是通过移动社交平台，将熟人关系逐步扩大到陌生人群，形成强大的用户关系网。在这个过程中，每一个用户都既是消费者，又可以充当企业的分享者，并能通过分享获利。

比如，用户在某个平台上了关于营销的直播课之后，感觉受益匪浅，觉得课程非常不错，就可以生成自己的邀请海报，将海报分享给朋友，如果朋友通过链接购买直播课，就可以从中获利。

　　其实这种分享营销模式就是一种非常简单的合伙模式，每一个用户的社交平台都是企业的重要营销渠道，每一个分享者都可以看作是企业的渠道合伙人。

　　在营销渠道的选择上，斯维登非常注重异业合作。比如我们会和门店附近的一些餐厅、大排档合作，合作的对象都是我们精心挑选出来的，通常我们会选择那些态度好、货品正、价格也相对优惠的店。合作的方式也非常简单，在我们房间适当的位置挂上菜品的精美图片，图片上附有订餐电话和餐厅地址，而凡是斯维登的用户在店里消费，会享有一定的折扣。同样，如果在餐厅吃饭的客人有住宿需求，店家也会把我们推荐给对方。

　　从渠道模式到合伙模式，营销模式改变的背后，其实是企业经营理念与思维的变化。

　　除此之外，我们知道传统营销模式主要可以分为经销和代销两种，经销模式是指经销商以一个优惠的价格购买产品，然后再将其销售出去，从中赚取一定的差价；而代销模式是指企业将产品放到代销点由其代卖，也就是说代销点不用自己进货，只需要帮助企业进行产品销售，每销售出去一件产品，会从中获取一定的收入分成，如果卖不掉，也可以将货品全部退还给生产企业。这样做的好处是由于不用代销点出钱购买，代销点不承担存货风险，所以大多数渠道商都愿意和企业进行代销合作。但凡事有利必有弊，正是因为风险低，所以很难激发代销商的销售热情，很难让他们全心全意去推广。我认为，没有专注，任何事情都很难取得好的结果，所以在进行营销布局时，我更提倡经销模式，要尽可能做到与渠道方共同承担风险，共同获得利益。

3. 会员服务深度

由于分享的营销模式更加看重的是用户的分享力量，所以分享营销的关键在于要与用户建立长期稳定的合作关系。在分享思维的影响下，未来，企业将更注重会员的服务深度。用户成为一家企业的会员之后，通常会根据消费情况获得积分，积分越高，会员等级越高，可以享受到的会员权益越大。

举个具体例子，用户在某航空公司乘坐飞机次数越多，积分达到一定级别，就可以享受一些特殊服务，比如：可以优先登机、可以获得更多的座位选择权等。不同级别的会员，可以享受不同的待遇，这样可以有效提高用户的满意度。

根据"顾客满意第三定律"，吸引一个新用户的成本是维持老用户成本的 6 倍。所以，维护老用户、充分挖掘老用户的价值非常重要。企业需要在会员服务的深度上下功夫，针对用户需求为其提供更多增值服务。

4. 营销联盟

从发展方向来看，未来，营销联盟将会越来越被重视。营销联盟是指两个或两个以上的企业为降低营销成本，实现其共同利益而结成的同盟。

我们同样以航空公司为例，许多航空公司之间会成立航空联盟。全球最大的三个航空联盟分别是星空联盟、天合联盟及寰宇一家，航空联盟的成员可以共用维修设施、运作设备、职员等资源，航班开出时间更灵活有弹性，且用户的会员积分也是互通的，用户可以凭借在其中一家航空公司的积分和会员，享受在联盟内任意一家航空公司同等会员待遇。

这种联盟化的合作方式，可以让各个航空公司有效节约成本，并且让用户享受更好的服务。我认为，在分享经济理论下，未来这种分享式的营销联盟合作模式将会逐步应用到各个领域。事实上，我认为我们民宿行业之间的企业就非常需要建立相应的联盟，特别是对于个体民宿经营者而言，因为其房间数量有限，很难实现会员体系。但是这些碎片化的经营者可以参考航空联盟的形式联合在一起，形成公共会员体系，实现几家企业之间会员的横向打通。

当然，这种联盟并不局限于民宿经营者之间，民宿也可以和酒店合作。比如一位用户来南京出差，住在当地非常有名的一家星级酒店之中，该酒店就可以告诉该用户，凭借在酒店的消费记录，可以免费享受一次在某品牌民宿房间空余时间的住宿。这种经营者之间的资源和会员的分享，在未来将会成为一种十分普遍的营销方式。

分享经济本身是一种经济模式，很多时候，其产品的营销要抓住分享经济产品的特征。还是以我所在的分享住宿领域为例，门店可以开展活动，在某个阶段时间内，如果用户在该门店住宿，就可以得到相应时长的体验券，凭借体验券，可以在房子的空余时间免费住宿。这种"买一赠一"的营销模式，非常受用户欢迎，这其实也是有效利用闲置资源的一个典型案例。因为分享经济的思维逻辑是将资源的闲置价值分享给别人，碎片化特征十分明显，要将这些碎片利用起来，就必须依靠大数据等技术的力量，因此我认为分享经济的营销面临的最大难题在于技术的实现。

8.2　企业不同发展阶段的营销策略

美国著名管理学家伊查克·爱迪思（Ichak Adizes）创立的企业生命周期理论指出，每一个企业的发展基本上都会经历初创期、成长期、成熟期以及衰退期四个阶段（图 8-2）。企业处于不同发展阶段，所面临的环境、条件不同，企业需求和发展战略不同，在营销策略的选择上，也会存在一定差异性。

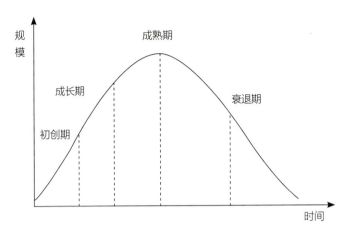

图8-2　企业生命周期基本模式

1. 初创期

初创期，顾名思义就是企业刚刚起步的阶段。该时期，企业只有一个雏形，刚刚进入市场，企业的人员配置、资本、产品和服务的质量都还不稳定，企业文化也没有形成，缺少知名度和市场占有率。初创期企业的战略目标通常是求得生存和发展，我认为在这个阶段，企业必须要通过营销和用户建立连接，这时，企业人设和用户口碑的建立就变得非常重要。

以途家为例，途家在海南刚刚起步的时候，中国市场上还没有类似的平台，大家对于这些"非标"住宿的印象还停留在脏、乱、差的家庭旅馆上。在这种情况下，我们要想在市场中立足，首先要做的就是改变用户认知，树立口碑和人设。

我们当时建立了一个平台，平台上的抽佣比例非常低。而我们所采取的措施是尽可能地提升客单价，这就要求产品服务品质高，要尽可能地满足用户的需求。因此，当时途家的房源主要以自营为主。这样做的效果也非常明显，用户的满意度很高。

但另外，我们也面临一件非常尴尬的事情：很多受众并不知道途家是做什么的。所以我们一直在坚持重复表明，我们做的就是民宿、公寓、别墅等"非标"住宿，而不是传统酒店。这样，差异化定位和人设的确立逐步奠定了我们在大众心目中的印象。

差异化的定位往往是企业通往成功的第一步。很多创业者在和我交流的时候，我发现他们对自己都没有一个精准的定位，比如主要产品是跑鞋，却非要将自己定位成体育器材专卖店，还要卖哑铃，这样显然不能给用户建立一个明确的认知。

所以，企业在初创期，营销策略应该更多偏向建立口碑和确定人设，这一点非常重要。需要强调的是，企业成立之初，产品还未成熟，处于试营业阶段，这时不宜在营销上投入过多。而且此时企业资源有限，需要将重点放到产品的打磨上，要避免过多关注营销，以致顾此失彼。

2. 成长期

伴随企业的不断成长，销售额的不断增加，用户开始逐步认识并且接受产品，市场份额和组织人员规模都随之迅速增长，企业管理开始走向正轨。这时，企业开始由初创期进入成长期。

此时，企业的营销重点应该放到抢占市场上，要尽可能提高营销策略决策效率，构建多元化营销策略。需要强调的是，在构建多元化营销策略的时候，一定要考虑营销的成本和效率。很多营销人员在设计营销方案的时候，不考虑方案规模化的可能性，结果使营销效果大打折扣，不仅效率和投入产出都很低，还可能引发用户的不满。

除此之外，在成长期，企业还应该注意产品的品牌策略。通过各种营销策略提升品牌知名度，利用拳头产品增加用户对品牌的黏着度、忠诚度，以确保企业良性发展。

3. 成熟期

经过成长期后，企业的营销体系、组织管理等方面都逐步趋于完善，开始步入成熟期。这是企业整个生命历程中最为理想的阶段。在这一阶段，企业的研发能力、生产能力、竞争能力、灵活性、市场占有率以及社会认可度等都达到了最佳状态。

到了成熟期阶段，企业的战略重点是要尽可能地维持稳定获利状态，并且努力为企业找到新的增长点。所以，处于该阶段的企业应该加大在营销上的投入，力争全面占领市场，确保企业长期处于行业领先地位。同时，还要及时通过产品的更新迭代来适应市场需求的变化，不断研发新产品，对产品质量、包装等多方面进行全面升级，以实现产品的价值创新，进一步提升用户忠诚度、满意度。

4. 衰退期

当企业在成熟期发展一段时间后，必然会面临一些考验，造成销售额、市场占有率和利润的大幅度下降，这时企业进入了衰退期。企业进入衰退期后，会面临产品更新速度变慢、员工士气低落、财务状况恶化等诸多问题，这时企业抵抗风险能力降低，如果不及时调整发展战略和规划，寻求企业的重整和再造，就会面临衰亡的命运。

在衰退期，企业必须要重塑市场，挖掘用户更多的需求，创新营销策略。同时，适度降低广告投入成本，削减产品生产数量，避免不必要的财务支出，化解企业的财务危机。将资源集中在企业核心产品和业务的发展和推广上，构建竞争壁垒。更重要的是，要努力开辟新的市场，有计划地培育新的增长点。

从初创期到成长期，再到成熟期、衰退期，这是一个企业发展的必然过程。处于不同发展阶段的企业所面临的情况与难题不同。一个企业只有基于发展阶段的不同特征与需求，实施不同的营销策略，搭建不同的营销运营体系，才能确保营销的有效性和企业发展的持续性，更好地延长企业生命周期。

8.3 用场景思维做营销

成功营销的核心是要直入用户脑海，让用户愿意为你买单。那么，用户为什么会愿意为你买单？不知道大家对于脑白金那句让人耳熟能详的广告语"今年过节不收礼，收礼只收脑白金"还有没有印象，虽然很多人都曾经吐槽过脑白金的这个广告语，但是它却实实在在让人记住了脑白金，成功让脑白金成为人们春节回家给中老年人送礼的一个重要选择，创下了惊人的销售业绩。那么，脑白金为什么会如此成功？我认为主要原因有两个。

第一，定位精准。从广告语上看，脑白金的定位是"中老年人送礼佳品"。从功能上来说，作为保健食品，脑白金所面向的主要用户群体是中老年人，而"送礼佳品"的定位则会让送礼和收礼的人都觉得上档次、有面子。

第二，"洗脑式"营销。朗朗上口的广告语，在电视上循环播放，当人们把这句话烙印在脑子里时，一旦产生相应需求，自然而然会首先想到脑白金。

以上两点，是促使脑白金取得成功最为重要的原因。不知道大家有没有注意到，现在脑白金的这个广告出现的频率已经变得很低，为什么？是因为当前市场营销的场景变了，营销方式必然也要随着发生改变。我认为，未来的营销将主要向两个方向发展：真诚和造梦（图8-3）。

真诚让用户相信所见即所得

造梦为用户创造生活以外的想象

图8-3 未来的营销两个主要发展方向

1. 真诚

过去，电视、报纸是人们接收信息的主要载体，也是企业抢占的主要广告渠道。而在营销广告方式上，企业通常都喜欢采用美化的形式，比如请皮肤特别好的美女为护肤品代言，推出一张特别美的广告海报，让人认为用了这种护肤品也可以变得这么美。但是随着互联网的诞生与广泛应用，人们获取信息的渠道愈加广泛，交易双方所获得的信息也变得越来越对称，人们的消费观念也变得更加理性，不会再为一张漂亮的图片而买单，而是更喜欢真实的宣传。

所以，我认为，未来的营销方式非常核心的一点就是要真诚，要让用户相信所见即所得。也就是说，企业要保证自己所呈现的图片、产品功能和用户实际到场亲身体验的结果不存在太大差异。这也是为什么现在很多企业在展示产品时讲究使用 360 度全景、VR 等方式，甚至借用短视频、直播来进行更为详细地描述。在抖音等短视频平台上，很多民宿视频一夜爆火，成为著名的网红打卡地。

斯维登就非常注重使用图像营销以及视频营销这些直观的营销模式，我们常常会用几十张，甚至上百张的图片对房子的卧室、客厅、卫生间等进行分类展示，让用户可以清楚、方便地了解到房子的具体情况。除此之外，我们还会和多媒体平台，比如抖音、小红书等合作，在平台上嵌入图片、视频等，通过运营这些渠道，实现房子的分享。

如果你的产品和服务不能达到用户预期，就会产生不良的用户体验，影响用户满意度。而在分享经济时代，用户满意度是营销效果的一个重要评判指标。所以在营销过程中，真诚是基础。

2. 造梦

为什么斯维登的"美好时光运营商"的定位会如此触动人心、如此受欢迎？主要原因就是人们喜欢憧憬美好未来，向往诗和远方。所以，企业就要尽可能创造并满足用户的美好希望，要给用户创造更多、更好的生活场景，这其实也是我们存在的意义。如果你不能为用户创造不一样的美好体验，只能给他们提供与其原有生活一模一样甚至不如原有生活的生活方式，那么用户为什么要来你这里消费呢？所以，未来营销的第二个主要方向就是要造梦，要为用户创造生活以外的想象。

综上所述，我们可以得出一个结论：营销的关键在于要基于对用户需求的分析，围绕用户体验进行营销方案的优化升级。

营销本身就是一场认知战，而用户对产品的认知往往是透过场景实现的，比如同样的衣服，在路边摊售卖和在商场专卖柜售卖，给人们带来的价值认知一定存在很大差异。同样，用户的需求也来自特定的场景，用户在不同的场景下，会产生不同的需求和体验。同样的一桌菜品，在路边摊享用和在高级餐厅享用，体验一定不同。所以营销人员要想挖掘用户的准确需求，为用户创造良好体验，就必须要能够运用场景思维来设计营销方案，通过建立场景，实现用户需求与产品卖点的有效衔接。

相信很多人都曾经有过家里装修的经验，家里正在装修特别是二次装修的人，常常面临一个难题：没地方住，住酒店很贵，而且在洗衣、做饭等方面都有很多不方便的地方。我们将用户的这种住宿需求称为"过渡型住宿"。针对这部分人群，我们制定了一个具体的场景：用户可以在装修期间找到一处民宿居住，将家具暂时存放到仓库中去。在这个场景下，我们设计了一个营销方案：与装修公司进行合作，在条件允许下，装修公司可以为用户提供过渡住宿时间补贴，比如本来装修费用是 20 万元，装修公司传统的营销方式是直接在原来的装修费用基础上进行打折，折后用户只需要 18 万元，现在装修总费用不变，还是 20 万元，但是装修公司却可以为用户提供 2 万元的住房补贴。这样，在双方都没有损失的情况下，用户可以感觉到装修公司的用心服务。

这个营销方案的设计就是基于场景化思考。场景，简单来说就是指特定的人，在特定的时间、地点，做了一件特定的事。而场景化营销要做的就是将用户放到特定的场景中，考虑用户在这个时间、空间下会做哪些事，由此引导其产生消费需求。也就是说要通过对人、时间、空间、事和产品的结合和思考，将营销效果最大化，这是营销人员必备的技能之一。典型的场景营销案例有电商平台的"双十一购物狂欢节""年货节"，西贝莜面村的"亲嘴打折节"等。

通常情况下，当一个人融入一个特定氛围的场景后，消费需求就会自然而然地产生。

比如斯维登会在特定的房间内推广茶叶、睡衣等产品，应用的就是场景营销逻辑，我们会在某个房间中设置泡茶台，用户可以在这里为自己或者客人泡一壶茶并静静品味，这时，茶叶就会进入用户的视野，让其产生购买的欲望。

对于分享住宿领域而言，如果不进行产品的延伸，很难实现溢价。而产品的延伸一定是建立在住宿场景延伸的基础上，从售卖房间空间扩展到售卖生活方式上去，打造各种主题房，进行体验式营销，像我们前面所提到的"旅行好眠屋""极米影视房""音乐影视别墅"等，其实都是我们基于场景化思维设计的营销方案。

场景赋予了产品不同的意义，场景化营销的关键在于要基于对用户画像的精准调查和分析，针对用户的生活和消费习惯，进行场景延伸，通过搭建理念化的生活场景，为其创造生活以外的想象，再将产品有效嵌入到该场景中。

8.4 最好的营销模式，就是利他心态

真正的营销可以分成四个部分：市场、销售、交易以及服务。市场是营销的开始，是产品成功走向用户、获得认可的前提，市场宣传到位，就预示着营销迈出了成功的第一步；销售就是大众认知中的营销，是将产品推送给用户，激发用户购买欲望的过程；交易就是用户的支付、下单流程，如果用户下单不方便或者支付不安全，就很可能导致营销失败；而服务，并不是简单的口头上关心一下用户或者在用户不满时为其赔礼道歉，而是与用户建立长期稳定的良好关系，以促进二次销售。

这四个部分构成一个完整的营销过程，营销模式的创新可以从其中任意一个环节入手。但需要注意的是，营销的核心是用户，而非企业，所以无论企业从哪一个环节入手，营销模式的创新都必须围绕满足用户需求、为用户创造更多价值进行。这里可以为大家推荐两种比较创新的营销模式。

1. 打包销售

打包销售，也叫套餐组合，这种营销方式在餐饮行业非常常见，用户走进一家快餐店点餐，经常会被服务员推荐各种套餐组合：单人餐、双人餐、家庭套餐等。这些套餐将用户有可能所需要的产品组合在一起，并以一个较为优惠的价格推送给用户，让用户觉得方便又实惠，这就是非常典型的打包销售。打包销售的

产品并不局限于企业自己的产品，还可以和其他企业合作。

举个具体的例子，大家知道旅游讲究吃、住、行、游、购、娱，所以在满足用户住宿需求的同时，我们还会尽可能地为其提供一些配套服务，以提升用户的综合满意度。比如我们很多项目特别是旅游地的房子，常常会和景区合作：对于有游玩需求的用户，我们会向其重点推荐合作景区，甚至可以为此安排专车接送，这样可以有效增加景区的收入；而凡是在我们这里住宿的用户可以享受一个比较优惠的门票价格，我们也可以从中获取一定利益。所以这是一个用户、景区、我们三方都受益的事情。

打包销售的要点在于一定要从用户的角度出发，以用户需求为核心，为用户提供其所真正需要的产品和服务，而不是为了销售而销售。

2. 服务的多样性

营销的核心其实是对用户需求的探索，为用户提供体验即营销。因此，在营销过程中，要以用户需求为中心，尽可能地为用户提供优秀、高效的全方位配套服务，注重服务的多样性。

举一个案例，我的一个朋友，他有两个关系非常不错的同事，三个家庭计划利用假期一起出行，通过旅行加强彼此之间的感情。

他了解到我们在无锡有一个项目，觉得非常不错，于是三个家庭便一起来到了这里。没有想到的是，他们刚刚到达目的地，无锡便开始下雨，这样他们就没有办法出行，只能在房间里活动。

了解到他们出行的目的和困难之后，我们的店长为其想到了一个解决方案：既然不能出去，那就在室内活动。服务人员为他们提供了一张麻将桌和一副军棋，供他们娱乐，又在阳台上为他们支起了一个火锅，还为小朋友提供了一些娱乐项目。几个小朋友们在几个房间中玩耍、嬉戏，而几个大人则聚在一起又是打麻将、玩军棋，又是吃火锅、聊天，或者是在大露台上坐着，喝着茶，听着雨，感受清新的空气。结果效果居然出奇的好，他们甚至因此又比原计划多住了一天。

服务即营销，服务既是一个营销的过程，也是再营销的开始。良好的服务可以有效提升用户满意度和忠诚度，是促进二次销售的不二法宝。

前面我曾经提到过，在分享经济背景下，营销模式开始从过去的渠道营销向合伙营销转变。其实，在我看来，企业最大的营销能力就是善用伙伴的力量，营销的最顶层的思维逻辑就是与人合作，并且愿意让利给他人，我们称为利他心态，这才是最好的营销模式。

我发现很多创业者总喜欢自己统揽一切，不喜欢借助外部的力量，对此我并不十分赞同，我认为社会分工是社会进步的必然途径，每一个企业甚至每一个人，都有其存在的必要性。小红书、微信小程序、抖音等都有其价值所在。我们要充分利用身边一切可以利用的资源，并且愿意将自己的利润分一部分给他人，这才是效益最大化的正确做法。

这里我为大家讲个真实的故事，一直以来，房地产开发商都是斯维登非常重要的合作伙伴，在某个项目的推进过程中，我们曾经和一个开发商建立了合作关系。该项目签约完成后，对方董事长表示，他们手中还有 20 个项目想要和我们进行合作，但在签约之前想要来我们公司当面交流一下，其实，这也有考察一下我们的意思。在交流的过程中，我主动提出了进一步的让利。最后，对方非常激动，他说他此行最大的收获并不是取得了更多的服务和利润，而是他认为我们是一个真正有利他心态的企业，和这样的企业合作非常安心。

再给大家举个例子，有一次和合作企业交流过程中，我发现我们的合作方案中有一点纰漏，虽然我非常清楚如果我修补了这些纰漏，需要付出更多成本，但是我还是选择了如实相告。对此，我们的合作伙伴表示非常惊讶，他问我为什么这么做，我告诉他："我一定会尽力确保让你先成功，你是房地产开发企业，只有你把房子卖完了才能够轮到我们经营。"经过这件事，我们和这个合作伙伴建立了长期、稳定的合作关系。

　　合作的意义在于共同获利、共同成功，所以任何合作都不能建立在欺骗之上，一定要以追求共同利益为目标。最好的营销方式就是利他心态，让你的合作伙伴成功。这样，作为利益共同体的你，才能走得更远。

第 9 章

分享经济，
共创未来

在本书前面我所提到的所有关于分享经济的总结，其实是我从自身多年的创业经历中总结出来的一些经验，都是分享经济的阶段性实践成果。分享经济当前仍然处于导入阶段。事实上，任何一个新业态的崛起和发展，都是一个不断试错、创新的过程。在这个过程中，会不断迭代出许多新的模式和产品，也会面临着各种各样新的挑战。但是无论怎样，我认为作为一个先进、科学的经济模式，分享经济未来一定会迎来大爆发。

　　希望已经或者即将进入分享经济领域的你，能够仰望星空，脚踏实地，做好眼下每一件小事，让我们一起共创分享经济的美好未来。

9.1 昨天是期许，今天是实践，明天是刚需

创业起步最难，不是难在下决心，而是难在找准需求的点。这个需求不仅要看现在，还要看到未来的变化趋势，要能够预测未来。我认为真正理想的创业方向应该遵循"昨天是期许，今天是实践，明天是刚需"的发展规律。

如何理解这句话？我们可以从以下两个角度来进行解读：

1. 创业者要能够感知大势

大家可以先思考一个问题：你可以想象自己购买的房子，没有物业管理是什么样的情况吗？估计你很难会想到这一点，因为当前几乎所有小区都是有物业配套服务的。当前，伴随着经济生活水平的提高，人们对于生活品质的要求也越来越高。过去，房屋对人们而言，可能更多的只是一个可以遮风避雨的住所，而现在，越来越多的人开始追求优美的外在环境以及一系列细致贴心的配套服务。在这样的情况下，开发商也逐步加大了对物业管理的关注和重视，一流的物业管理配套服务已经成为人们选择房屋时的一个重要加分项。

物业服务最早起源于英国，直到 20 世纪 80 年代才由中国香港传入中国内地：1981 年 3 月，深圳市物业服务公司的成立，正式将物业管理行业带到了中国内地人们面前。从最初的萌芽，到取得迅速成长，到最终获得大众的普遍认可，物业管理行业的发展也经历了一个相对漫长的过程。20 世纪 90 年代，我在购买房屋时还在纠结是选择无物业管理的项目还是选择配套现代化物业的项目。因为没有物业配套服务的房屋价格会偏低一些，让人没有想到的是，仅仅十多年后，物业配套管理服务就已经成为小区的标配。

我一直认为，创业成功与否，很大程度上取决于创业者能够看多远，是否有敏锐的洞察力。从来没有平白无故的成功，创始人要有非常强烈的市场和行业观，要能够发现行业的痛点，对这个行业有一些感知和预知，能看到未来会发生怎样的变化。昨天看起来非常特立独行的事情，到今天看来可能极为普遍，到明天，也许就成为刚需。就像前面我们所提到的物业管理服务，20 年前它在国内刚刚兴起时，可能大多数人都觉得这是一件非常新奇的事情。10 年前，大家对于它已经有一定认知，而如今物业服务的好坏已经成为人们在购买房屋时的一个重要参考指标。

实际上，我认为我们所从事的不动产运营管理也是这样，2011 年我们率先用分享经济的理念开创闲置不动产运营与管理模式时，很多人认为这是一个笑话。我在海南刚刚起步时，向业主们介绍我的理念，基本上得到的回复就是两个字——骗子。发展到今天，已经有越来越多的人接受我们的管理理念，接受"管家＋托管"的商业逻辑。虽然当前我们还只是处于"小荷才露尖尖角"的阶段，但是我相信，未来，这种运营管理服务终会发展成为人们的刚需。

机会只有在没有人发现它的时候才算是真正的机会，等到所有人都在关注、讨论一件事时，你已经错失了关于这件事情的机会，换句话说，机会只属于可以提前感知大势的人。所以，创业首先要能够感知变化，并且从变化中看到新的商机，然后不畏质疑，坚定不移地走下去，才能取得成功。

2. 创业者要有远大的社会使命感

一个民族，只有在新的理想和文化迸发后，才会实现腾飞。我们知道，迄今为止，人类社会已经经历了三次工业革命：第一次工业革命，人类由手工时代进入了蒸汽时代；第二次工业革命，人类进入了电气时代；第三次工业革命，人类进入了信息时代。每一次革命，都给人们的生活带来了颠覆性的改变。今天的我们，都深刻认识到工业革命对人类发展的意义，但实际上，每次革命开始之初，洞察到这种变化趋势的人都曾经经历了一个十分艰难的过程。

举个具体的例子，工业革命最早出现在棉纺织业，第一次工业革命之前，该行业的生产方式以手工为主，首先是飞梭的出现极快地提升了纺织速度。之后，18世纪60年代，织布工詹姆斯·哈格里夫斯（James Hargreaves）所发明的手摇纺纱机"珍妮机"更是引发了棉纺织业的技术革新，正式揭开了工业革命的序幕。

很多人不知道的是，"珍妮机"的诞生与应用曾经受到大量纺纱工人的抵制。因为"珍妮机"极大地提升了棉纱的生产效率，使棉纱产量上升，因此雇用工人数量减少，这严重影响了众多依靠棉纱生产维持生活的纺织工人的利益。因此这些工人冲进了哈格里夫斯的家，将其制作的"珍妮机"全部捣毁，还点燃其房屋，将哈格里夫斯赶出了兰开夏郡的小镇。值得庆幸的是哈格里夫斯并没有因此而放弃"珍妮机"，而是一直在坚持对机器进行改进。1770 年，哈格里夫斯因此而获得了专利，"珍妮机"也逐步开始被大众所接受。到 1788 年，英国的"珍妮机"已经多达两万台。

第一个吃螃蟹的人确实需要勇气，他们不仅要有敢于向未知领域探索的精神，还要有勇于面对身边人质疑的胆识。正是因为有很多像哈格里夫斯这样愿意"第一个吃螃蟹的人"，这个世界才会前进。如果所有人都停留在原地，不肯也不敢迈出新的一步，那么社会永远不会向前发展。

任何一个企业，永远无法脱离社会而独自存在。从根本上讲，企业是为了给社会创造价值而存在的，所以创业者要有社会使命。创业并不是一时的冲动，人们常说创业要有使命感。我所理解的使命就是指为社会、为世界创造真正的价值，要发自内心地把这件事当成自己的事业、使命去经营，而不是单纯为了追逐利益。

举个具体的例子，篱笆网是家庭生活消费交易平台，其前身是"篱笆快乐装修论坛"。篱笆网的创始人张国华是一名医生，而他之所以选择在一个与其本职工作毫不相干的领域创业，主要源于他本人一次非常糟糕的装修经历。他希望借助这样一个网站，帮助那些需要装修的用户，这就是篱笆网的使命，也是促使它走向成功的一个重要基础。

创业九死一生，需要有情怀和格局来支撑，虽然这些东西看起来比较虚幻，但这是创业者前进的内驱动力。当然，我也不否认，也有相当一部分人之所以选择创业就是为了能够赚取更多的钱，让家人过上幸福的日子。

比如武夷山网红沈丹，她其实是一个非常普通的人：年纪轻轻便结婚生子，离异后自己独自抚养女儿。为了给女儿更好的生活，她做过很多尝试：创办加工厂，失败了，又开了第二家厂子，又失败了……一次次失败，让她的生活雪上加霜，但是抱着让女儿过得更好的愿望，她一直非常努力。后来为了让孩子生活得更加快乐，她选择回到家乡——武夷山下的一个小山村，和自己的奶奶一起生活，并拍摄了很多与田园生活相关的短视频，结果因此成为一名网红，拥有一千多万粉丝。

人们常说，上帝关上一扇门，同时会为你打开另一扇窗。很多人喜欢折腾，就是因为他们希望借助创业为自己获取更多的机会，帮助自己找到那扇打开的窗。就像沈丹，她用无数次失败，最终换来了自己的机会——成为网红，这是这个时代给予她的。

我很尊重这些富有挑战精神、为生活而努力的人。但是如果你仔细观察，不难发现，那些已经取得成绩的大企业，通常都有自己的使命感。比如阿里巴巴追求的是要"让天下没有难做的生意"；华为希望"把数字世界带入每个人、每个家庭、每个组织，构建万物互联的智能世界"；苹果想要"改变世界"……社会责任感与使命感，是一个人创业的终极动力。我们斯维登最终所追求的，就是要为广大用户打造以住宿体验为核心的美好时光，让天下没有空闲的房子。

识大势，并不是让我们站在上帝的视野去看这个事件，而是要从整个国家和社会的角度去考虑这件事情。中国每年都有近十万个房地产开发商在进行项目开发，这些开发出来的房子需要有人管理，所以我们需要建立一套完整的逻辑、理念、系统和体系，让全社会的人来共同完成这件事情。这才是我们斯维登最大的价值。

9.2　不要去做你够不着的事

创业，最关键的其实就是要把握好三件事：

第一件事，要有非常强烈的市场观和行业观。这就是前面我们所说的创业者要能够感知变化，并且可以从变化中看到新的商机，要有敏锐的洞察力。本书的前面我曾经谈到过，当初成立途家时我其实是面临着两个创业方向，一个是分享住宿，另一个就是社区电商。最后我基于对中国分享住宿领域未来机会的判断，选择了前者。如果我当初选择做社区电商，也许今天大家就不会认识罗军这个人，也就不会看到现在这本书。"男怕入错行，女怕嫁错郎"，所以，创始人在选择创业赛道时，一定要看准行业，要对这个行业有非常清楚的观感。

第二件事，要有非常强的组织能力。商业模式和企业战略落地，最终都需要组织来支撑，你要找到各种各样的人来配合你实施这件事。

第三件事，要有较强的产品设计能力、表达能力和宣传能力。要能够基于行业发展趋势和用户真实需求，设计出能够为用户、社会创造价值的产品，并且通过表达、宣传，让人感受到产品的价值。总之，要让同行者看到未来，愿意和你一起做这件事情，让用户愿意为你的产品买单。

这三件事情说起来简单，但是在实践过程中，会面临各种各样的考验，每一个小细节都有可能决定你最终的命运。很多失败的创业者都把失败的原因归结为自己的命不好，其实并不是，他们一定是在这三件事情的某一个环节上有着致命的弱点。

比如有些人的理念非常好，也很有实力，产品设计能力很强，但是他不擅表达，没有办法将自己的想法表达清楚，所以他的团队、投资人都不能理解他，用户也不相信他，那么他很难取得成功；有些人表达能力很强，语言非常具有感染力，但是他的产品设计方案无法创造社会价值，甚至不利于社会和用户，那么他也没有办法取得成功；还有一些人，组织能力很强，产品设计能力、表达能力和宣传能力都非常好，但是缺乏强烈的市场观和行业观，总选错赛道，入错行，这也不行……

所以，在创业之前，你一定要先了解自己，先深刻思考一下：你是一个什么样的人？你适不适合走这条路？千万不能够去做你够不着的事。

一个人通常很难全面地认识自己，相信很多人都曾经有过这样的感觉：有时候觉得自己很厉害，但是有时候又觉得自己很笨，一点小事也做不好。人是个矛盾的个体，很容易受到外界信息以及自我认知局限的影响。人类最大的悲哀莫过于无法清楚地认识自己，不明白自己到底有多大能力和潜力。所以我这里所说的不要去做自己够不着的事，并不是让大家轻视自己，而是尽可能量力而行。

交易领域有个说法，叫看大做小，即看大周期定方向，把握大的趋势，但是要从小周期入场，以较小的亏损换取较大的盈利。其实这一点适用于创业，也就是说我们在判断趋势、制定目标时目光要长远，要能够站在月球上看地球，有大局观，但是具体落地实施时要从细微处入手，踏踏实实做好每一个细节，把控好每一个具体环节。

无论在与人合作，还是在与人竞争的时候，我都喜欢"分饰两角"，一个在实际生活中与别人进行交流，分析对方的需求与利益在哪。另一个则在抽象领域从较高的角度去整体看待这件事情，看待双方的需求，去思考我们所做的这件事情对国家，甚至对世界和人类的发展有哪些价值。这就是"看大"。而"做小"，就是从最小、从最基础的事情做起。比如我们斯维登最终追求的是让天下没有空闲的房子，但是我们要做的是最小的事：如何把一名业主的空闲房子管理好。而具体到每一名员工身上，分工不同，其职责也不一样。比如接待人员的主要职责就是把用户接进来，清洁人员的主要职责就是把房间的每一个角落都打扫干净……做好自己的本职工作，把每一件小事做好，其实就是在做我们够得着的事情。

创业者要能够感知大势，能够对未来做出准确预判，但是再远大的目标，如果没有行动永远都只是空中楼阁。所以我们既要仰望星空，也要脚踏实地，从我们够得着的小事入手，做好每一个细节，方能成就未来。

9.3　与时代同脉搏

我是一名连续创业者，很幸运，几次创业都取得了还不错的成绩。经常有人问我："为什么你屡战屡胜？每次创业都能成功，有什么秘籍吗？"其实，成功的创业从来都不是一时的灵感迸发，而是来自日积月累的逐渐感悟。创业成功是一件小概率事情，影响因素有很多，包括我个人的性格、做事态度与方式等，当然，其中也不乏一些运气的成分。但是，我认为这里非常重要的一点就是要做到与时代同脉搏。

人们常讲时势造英雄，所以创业者要懂得顺势而为，把握住社会、时代的走向，这就是与时代同脉搏。小米创始人雷军有一句被无数创业者奉为经典的名言："站在风口上，猪都可以飞起来"，所表达的其实也是这个意思。选择一个正确的创业方向，往往能够让你更加迅速地接近成功。

那么，到底怎样做到与时代同脉搏？我们主要可以思考两点：第一点，这个时代什么价值最大；第二点，这个时代最需要什么。为什么当前许多学生在创业时，都会选择与人工智能、大数据、算法等内容相关的行业？这是因为这些技术在这个时代最具有价值，这些领域的人才在这个时代比较稀缺。我们要想做到与时代同脉搏，就必须先清楚这个时代的需求是什么，这个时代的热点和价值在哪里。

我认为，在当下这个时代，有很多事情都很值得探索，都可以成为时代脉搏。

　　比如移动互联网。当前，伴随着移动互联网的兴起，越来越多的行业都已经逐渐从 PC 端转向了移动端。2021 年 2 月 28 日，国家统计局发布的《2020 年国民经济和社会发展统计公报》显示，2020 年我国移动互联网用户接入流量高达 1656 亿 GB，比上一年增长 35.7%。而在用户规模方面，国内权威的第三方媒体网站易观发布的《2021 年移动互联网发展大报告》显示，截至 2021 年第一季度末，我国移动互联网用户规模已经达到 10.3 亿人。

　　种种迹象表明，我国移动互联网时代已经全面到来。可以预见的是，未来移动互联网技术将取得进一步升级，并逐步渗透到人们生活的方方面面。

　　比如产业互联网。新一代信息技术的成熟进一步加快了互联网向前发展的步伐，产业互联网实现互联网与传统产业深度融合，对人们的生活产生了巨大影响。举个简单的例子，现在我们出行时，会线上打车；用餐时，可以网上订外卖。2020 年突发的新冠肺炎疫情给人们的生活带来了极大的不变，很多人在小区封闭管理的状态下很长时间都没有出过门，但他们依靠线上买菜、线上购物生活得非常不错。

　　再比如物联网和人工智能。物联网其实是互联网的一个延伸，是将各种信息传感设备与网络结合在一起形成的一个巨大网络。借助物联网，任何物品都可以与互联网相连接，实现信息交换。

在中国，有一家企业非常伟大，那就是商汤科技。商汤科技成立于 2014 年，创始人是香港中文大学教授汤晓鸥，企业主要专注于计算机视觉和深度学习原创技术研发。他们所做的很多事情都是对物联网的建设和完善。比如基于昆明池公园面积大、人流量高等特点，商汤科技与合作伙伴联合推出了"AI+3D"可视化智慧景区综合解决方案，借助 SenseNebula-AIS 商汤星云 AI 服务器，可以为景区提供人群密集提醒、客人数量实时统计、危险水域安全管理等功能服务，有效解决了景区安全管理问题。

除此之外，在生活管理上，他们也在进行很多尝试，比如让人们乘坐地铁时不再需要使用交通卡、手机等产品，借助人脸识别系统，乘客刷脸后地铁进出口处自动放行，然后自动扣掉费用。包括人们去医院看病，甚至不再需要挂号，只需要对着机器阐述病症，就可以得到相应引导，挂号费用也会自动扣除，因为医院、银行支付系统的个人信息是全部连在一起的……

借助物联网，这些看起来有些不可思议的事情，都能够实现。

艾瑞咨询在其发布的《2021 年中国商业物联网行业研究报告》中指出，预计到 2023 年，中国物联网连接数量将增长至接近 150 亿个。我认为，未来这个世界将会被物联网所取代，万物都可以被物联网整合在一起，实现人、机、物随时随地互联互通。

再比如地域经济，地域经济是指在某一地理环境内包括本地人与外地人在内的所有经济主体拥有的经济资源、所从事的经济活动以及所获得的经济利益。不同的地理环境对人的影响是不一样的，所以不同地区的人与人之间存在理想冲突和习惯差异，这也是引发战争的一个主要原因。在地理领域，有一门非常重要的综合性工具——地理信息系统（Geographic Information System，GIS），这是一种基于计算机的工具。借助 GIS，我们可以实现对空间信息的分析和处理。

比如过去开店选址我们可能需要大量的调查，现在通过 GIS 我们便能轻松知道某个区域的人流情况、收入水平、职业状况等，由此确定开店的时间、装修风格等。

还有马斯克正在实践的探索宇宙。伴随着天文学研究的逐步深入，人们所了解的太空知识也越来越多，也许有一天，去另一个星球旅游，甚至移民，都会成为现实。因为伴随着人类文明的加速发展，人类对地球资源的消耗越来越大，也许有一天人们需要去地球以外的地方寻找生存空间，所以有些星球的探索其实是为后代做准备。

除此之外，算法、生物工程等都是这个时代比较有价值、有需求的东西，这些东西都是这个时代的脉搏。

事实上，如果我们罗列上面提到的所有变化，可以从中提炼出两个结论：第一，所有的这些变化其实都是人类在向效率发起挑战。第二，这些变化最终都要落实到经济领域才能产生价值，所以其实它们都可以与分享经济发生关系。比如未来我们去其他星球旅行，可以搭顺风车，这样有可能可以节省一大笔出行费用。因此，分享经济这件事情绝不是我异想天开，其实它是从一个特殊的角度把握了这个时代的脉搏。

在当前资源越来越少的情况下，分享会成为解决问题的最佳途径。而我一直相信，在未来，分享经济一定会打破交换经济的垄断地位，成为主流的经济模式，因为这种模式边际成本趋于零。到时企业的发展逻辑便不再是主要通过扩大再生产来实现企业价值，而是通过对闲置资产的再利用。在分享经济模式下，我们所秉承的理念就是"开放世界（Open World）"，打破地理、行业限制，去分享合作。比如我们斯维登所做的就是用房间去和其他所有行业、所有产品合作。开放则通，封闭则死，国家是这样，企业也是这样。

9.4　得道多助，失道寡助

"得道多助，失道寡助"出自《孟子·公孙丑下》，意思是站在正义的一方，就会得到别人的支持和帮助；相反，违背道义，必定会被人所孤立。用在这里，我是想告诉大家，如果今天你创业所选择的方向是顺势而为，与时代同脉搏，拥有社会使命感，能够为社会带来价值，那么你自然会得到帮助。

从 2011 年成立起，到现在十年的时间，一路走来，斯维登得到了很多"贵人"的帮助和支持，有政府人员，有学术界人员，有国家机关，也有很多行业从业者……

（1）我们公司刚刚起步不久，就遇到了第一位"贵人"——当时的山东省旅游局局长于冲。我记得很清楚，当时我们公司只有几个人，唯一的一间会议室大概不到 15 平方米，这位局长就来参观研讨。他非常认可我们的业务逻辑，希望能够帮助我们实现落地。之后，在于局长的安排下，我专门去山东考察了四天，并最终和山东地区开发商及业主达成合作，利用我们的模式为六万多套房间提供了运营支持。一直到今天，我都非常感谢当初于冲局长的支持，他对我们的帮助不仅在于帮助我们在山东打开了市场，更重要的是给了我们这样一个创业企业更多的思考空间和鼓励，这对我们影响非常大。而且他还让我感知到了分享经济在这个地方也有需求，这是我之前没有想到的。

（2）我想要特别感谢的第二位"贵人"就是中国旅游研究院院长戴斌，中国旅游研究院是文化和旅游部直属的专业研究机构，其所发布的信息、数据都具有绝对的权威性。戴斌院长曾经专程带团队到我们公司研究途家和斯维登。中国旅游科学年会有一个非常重要的奖项，叫"旅游思想者"，该奖创设于 2015 年 4 月，目的是向中国旅游业的创新创业者致敬。首位"旅游思想者"奖获得者是携程旅行网创始人梁建章及其创业团队，而第二年，戴斌院长将这个奖颁发给了我和我的联合创始人杨孟彤。这说明国家高度认可了我们这个行业，认可了我们所做的事情，这对我们来说，绝对是一件非常振奋人心的事情。

（3）学术界的刘峰也是对我们帮助非常大的"贵人"。他也是一名创业者，比我创业早了10年，他从事的是景区规划设计，中国很多地方的景区规划设计都是他做的，他是一个博士，几乎所有大型城市主题论坛都有他的发言。我在创业初期特意邀请他过来做指导，因为我个人非常敬重他。其实当初请他来的时候我内心也非常忐忑，已经做好了充足的心理准备——"挨骂也无所谓"。结果没有想到的是，他当时非常激动，对我们的经营模式表示了充分的肯定。同时，也给予了我们一些非常宝贵的指导意见，指出很多需要注意的地方。刘峰博士在一定程度上帮助我们进行了理论建设，让我们知道我们所做的事情是有理论依据的，同时还为我们指明了业务和产品的方向。

（4）《中国国家地理》杂志社社长兼总编辑李栓科也是我创业路上的一位"贵人"，他是第一个知道我要做这件事情的人。当时，我和他一起出差，在机场时我就和他说了我的想法，我告诉他我要做件大事，他当时还开玩笑说："你不会去抢银行吧？"我和他大致讲了一个我的创业逻辑，他听后非常坚定地告诉我："你去做吧，跟着你的心走，没有错。"他的话坚定了我创业的决心。

（5）我想感谢的第五位"贵人"是中国中旅酒店（集团）董事兼总经理丁小亮，他曾任携程集团副总裁兼华北区域总经理。在我创业之初，他借给了我一间位于北京二环的办公室，虽然这是一个朝西开窗的 15 平方米会议室，却支持我们研发出来途家系统原型，并成功在 2011 年 12 月 1 日正式上线。更值得一提的是，若干年后，丁小亮还选择离开携程集团，全身心加入斯维登帮助我们成长。

（6）我想感谢的第六位贵人是陈照新。斯维登早期在海南起步之初，我在三亚凤凰水城南岸小区租了两栋别墅，一栋作为集体宿舍，一栋作为办公室。入住后不久，我便找到了一个和该小区物业经理交流的机会，这个物业总经理名叫陈照新，他听了我的介绍之后，对我们的创业逻辑给予了极大的肯定，最后不仅同意和我们进行合作，还给了我很多不错的建议和支持，因为他对海南很熟。虽然最后我们并没有达成特别多的合作项目，但是我们成了好朋友。

当然，还有当初在海南的携程集团总经理张扬，我到今天都一直记得他曾经给予我的无数次帮助。其实，还有许许多多我想感谢的贵人：旅游界营销天才贾云峰博士，四川省旅游局局长郝康理，我无比尊敬的四川省新津区唐华书记……太多了，在和他们的共处、合作、学习过程中，我体会到了我们这个国家和这个行业的前途是如此光明。

说到这里，其实我还非常想感谢公司成立初期的同事们。他们对于这个公司的建立与发展起到了非常关键的作用。其实，他们的加入过程也有很多有意思的事情。杨孟彤是我的创业合伙人，她曾经在全球知名的旅游网站亿客（Expedia）担任技术总监，后来又和人合伙在美国创办了一家在线度假公寓租赁公司——Escapia 并担任 CTO，后来这家公司被美国 HomeAway 公司收购并成功上市。之后，她又一直在微软必应（Bing）工作，主要负责该企业的亚洲搜索引擎技术。总之杨孟彤有非常强的关于旅游行业的背景，又在电子商务和搜索引擎领域有着非常丰富的经验。经过交流，我们两个人的价值观也比较接近，沟通无障碍，所以杨孟彤成了我非常要好的创业合伙人。

这么多年，我认识的研发人员中最聪明、知识面最广的就是庄海了，他在美国微软公司工作十几年，后来作为创始团队成员加入途家，为公司立下了汗马功劳。又比如郑悦，我是通过关系找到的她，当时我们在一家酒店里面见面，我邀请她加入。但是当时公司的名字还没有起好，工资也没有确定，她也不知道我是谁，就听我讲了好多梦想。总之，一切看起来都不是很可靠，所以，她最初其实非常犹豫。巧合的是，第二天，她儿子不小心把家里的书架碰倒了，结果她在整理的时候，在一本杂志上看到了我的照片。正是这张照片让她最终下定决心，加入了我们。所以，我一直都非常喜欢她儿子，每次他来公司我都要抱抱他，因为正是他促成了我和他妈妈的合作。

2014 年，我在上海老电影咖啡馆认识了蔡锋。当时我一眼就看中他会是我未来非常好的搭档，因为他的好脾气和情商正好弥补了我的不足。事实上蔡锋不负所望，他搭建的财务及后台系统使得途家及斯维登走出了稳健的一步又一步，和苗海霞、余和平等帮斯维登撑起了运营和投融资活动，没有他们，今天的斯维登可能已经不复存在了。

我和任娇（时任途家和斯维登的市场副总裁）谈起途家和斯维登时说到，我们作为这个行业的先驱，没有倒闭很重要的原因就是"其实有很多人相信我们做的事情，并且在以各种方式支持着我们，我们有着无以计数的编外团队……"。在创业初期，你不一定一下子就能够找到很多可以给你实际帮助的人。但是在这个时期，亲人、朋友以及身边其他的人给你的温暖非常重要。

我一直认为自己是一个比较幸运的人，一路走来，真的获得了很多人的帮助，这些人包括我早期的员工，那时，我们拥有相同的梦想，胸中充满着无限的激情。"得道多助，失道寡助"，当你在做一件对的事情的时候，上天会派来很多"贵人"帮助你，大家一起做一件有益于社会发展的事。

■ 附录 ■

黑马实验室学员及创业资讯

吴庆宗　**婚礼猫（广州喜淘信息科技有限公司）创始人**

婚礼猫是 IDG 资本（IDG 技术创业投资基金）、东方富海等知名投资机构投资的一站式互联网结婚服务平台，采用独特的"互联网结婚平台 + 直营婚礼会馆"模式，在平台流量支持下经营有产品优势的创新类婚礼会馆，为新人提供极致的婚宴体验。婚礼猫每年保持 100% 以上的增长速度，是华南第一、全国领先的互联网结婚项目。

张寒枫　**畅游宝（广东去买票科技股份有限公司）创始人**

畅游宝的定位是数字文旅服务商，为文旅企业提供营销型软件即服务（SaaS）私域流量运用服务，已帮助 2000 多家景区进行数字化升级！拥有丰富的文旅产业上下游资源。畅游宝在黑马成长营先后获得梅花创投、德生科技（002908）的投资。

孙海星　两只攀雀（西安一站优品电子商务有限公司）创始人

两只攀雀是国内领先的酒店服务商，是专注于服务酒店的数字化平台。

业务主要涉及：为酒店提供 SaaS 商城；为酒店提供服务升级，涉及引流获客、售房、摄影、人才输送、租赁、运营、培训、会员、客房升级、金融、快装、供应链产品升级等；为酒店提供本地化服务（仓储配送、上门服务等）；提供全国城市合伙人网络完善服务，已与国内诸多知名连锁酒店集团和近万家单体酒店合作。

两只攀雀以更好地服务酒店为目标，让天下没有难做的酒店，深耕酒店领域，做酒店垂直细分领域的隐形冠军。

唐健铭　广州携旅信息科技有限公司创始人

携旅的定位是酒店行业数据资产运营者，致力于用大数据重塑整个酒店行业，提出酒店大数据战略，将大数据全方位渗透辐射到酒店内的服务、业态、会员运营等多个方面，颠覆酒店行业的管理和运营思维，展现大数据在酒店行业释放出的巨大价值。

黄涛　联农会（郑州云农创信息技术有限公司）创始人

联农会是一个专注于农牧业的产业互联网平台，主要为中小养殖户提供专业服务，通过打掉兽药与饲料的传统批发经销等中间环节、提供线上线下结合的动保技术服务以及更直接高效的产品销路对接，全面提高产业效率，帮助养殖户实现"买得省、养得好、卖得贵"。

联农会上线 3 个月，即获得天使轮融资，上线 6 个月，即获得 A 轮融资，到 2021 年已覆盖 10 个省的 357 个县和市。

杨波　苏州艺宿家旅游发展有限公司创始人

苏州艺宿家旅游发展有限公司是一家集古城及景区的策划、规划、开发及运营，非标体验式住宿以及文化旅游新产品的开发运营等于一身的新型城市微更新运营商，围绕"古城及景区文旅综合体打造、文旅地产开发与运营、城市微更新"三大核心业务板块，打造新型文化旅游目的地，让古城能够"留住人"，让游客在古城、景区有最极致的沉浸式旅游体验，将文化真正融入旅游中去。

王继东　房车世界（北京）投资管理有限公司创始人

房车世界是集全球房车销售、配件、售后、租赁、体验为一体的多元化综合卖场，被称为中国房车露营发源地。房车世界打造集传媒、展会、卖场、旅行、营地于一体的房车露营行业的全产业生态链。至 2020 年，房车保有量将增加 10 倍，是接近 22 万台的保有量，露营人数将超过 2 亿，年产值将超过千亿元。

艾立兵　吉林省爱未来文创集团有限公司

吉林省爱未来文创集团有限公司（简称 i 未来），成立于 2015

年 8 月 11 日，是吉林省教育厅与财政厅首批融资企业，是"吉林省重点民营企业""吉林省高新技术企业""推动文化产业发展杰出贡献企业"。公司以区域文化 IP 为核心内容，创造、生产、运营与传播精神文化内容，用文化艺术为区域发展、传统产业赋能，创造独特的城市文化资产。倡导"生活艺术化，艺术生活化"的生活方式，通过多元文化艺术产品的输出，加速艺术生活化的发展进程，让艺术生活化成为这个时代的重要符号，做重要的中国文化输出平台。

陈灵江　天台风来半山民宿创始人

天台风来半山民宿主营自然教育营地、亲子民宿等业务，股东由四个自然人股东组成。2021 年，风来民宿服务于 1000 个 30~45 岁城市中等收入家庭，在自有客户资源的基础上，开拓乡村休闲游、自然教育市场等业务，具体模式为依托股东培训学校资源，开发周末亲子休闲游、夏令营等产品，为民宿引流。

徐亚磊　南京哪玩国际旅行社有限公司创始人

南京哪玩国际旅行社有限公司下有微叮 ERP 和"旅行 + 旅游资源"交易平台，定位是为都市活力人群提供最有价值的旅行资讯以及最实用的旅行经验。公司成立于 2011 年，截至 2021 年 5 月，有门店 42 家，年营业额近 1.2 亿元。

王勋 四川旅发环保科技有限公司创始人

四川旅发环保科技有限公司致力于新科技跨界融合，以"科技 + 环保 + 生态 + 互联网"的理念创建"以商建厕、以商养厕、以商管厕"模式，成长为"厕所 +"的龙头代表性企业。2021 年，团队有近 100 人，千人计划专家 2 人，副高以上职称 8 人，实现年销售逾亿元，并与世界厕所组织、环保部西南地区唯一部级重点实验室、中国科学院成都生物研究所等行业顶尖机构签署了战略合作协议。公司打造的"智慧轻松驿站"和一体化建管营模式在成都已经规模化落地，成为代表中国厕所革命成就的生动示范。

刘鑫恩 琥珀亲子（成都虎魄网络科技有限公司）创始人

琥珀亲子是一家专注于亲子家庭本地生活的会员服务平台。秉承"琥珀亲子，让爱更近"的核心理念，目前琥珀亲子覆盖了近 500 万的一线及准一线城市的亲子家庭用户群体，主营业务聚焦在户外景区、主题乐园、儿童剧展、亲子餐饮、亲子酒店、冬夏令营及亲子中长出境旅游等领域，截至 2020 年 9 月，已经上架 10000 多种亲子产品，月均出行家庭达到 10 万，最高峰单日超过 10 万单，付费会员超过 10 万，超过 200 万亲子家庭在平台上购买过服务。

王天乐 极限之路（北京）网络科技有限公司创始人

极限之路是全球首家极限运动会员制平台，创新应用"互联网＋运动"的模式，发现且云化全球极限运动资源并使产品标准化，降低大众享受极限运动的门槛，让极限运动变成价格合理、安全，人人可以体验的生活方式。极限之路致力于打造全民极限运动生活方式，筛选全球优质的极限运动资源提供给用户，包括极限运动项目体验、专业培训以及极限运动赛事、分享会等其他线下活动，并创作极限运动相关视频和图片。

魏良庆 寓多多（上海律阳资产管理有限公司）创始人

"寓多多"是上海本土知名的白领公寓品牌，旨在给来魔都上海拼搏奋斗的白领提供一站式的租房服务，为租户打造一个温暖的公寓社区。公司成立于 2015 年，根植上海，运用"平台＋运营合伙人"的架构，用百余人的团队管理房源 12000 余间。

钟耀栋 诸暨市卡拉美拉科技有限公司创始人

卡拉美拉科技为年轻家庭提供时尚优质的袜品，旗下 CARAMELLA 品牌已成为国内袜子行业标杆性品牌，是专注于时尚袜品的服饰品牌。多年来，CARAMELLA 以上等品质、时尚设计为理念，以顾客为服务核心，以原料的出色品质、产品的独特设计和值得信赖的服务给予客户信心保证。以潮流、个性、品质为理念的 CARAMELLA，拥有国内顶级设计研发团队，具有强大的产品研发能力。

全珂　广东爱沐电影有限公司创始人

爱沐俱乐部是全球社交娱乐爱好者组织，是社交时空运营商，是电影电竞直播酒店模式的开创者。爱沐俱乐部拥有超过一百家点播影院及主题酒店的运营经验，完成培育三十万粉丝，累计服务超过两千万人次，曾创造单店半年回本、日开房率800%的经典案例。

黄敬　贵州旅趣网络科技有限公司创始人

贵州旅趣网络科技有限公司旗下即时行乐旅行平台采用小团出行的模式，解决了旅客独立出行的痛点。即时行乐游行不断优化产品，摒弃传统观光游产品，独创设计有文化、有美景、有美食等的深度玩法产品，让游客深度体验目的地；解决用户到了目的地，不知道怎么玩，不知道怎么去等痛点；采用分享众包模式，寻找友善的当地人，成为司机兼导游，通过多轮培训后，成为领队，带领游客畅玩；应用滴滴式的互联网平台系统，从接单到分团，到结算，全部线上完成，让旅游更便捷化。

石文磊　上海雅澳供应链联合创始人

雅澳供应链的定位是第一公里综合供应链服务平台，股东包括山鹰纸业、联创资本、合力资本等。利用信息技术提供专业化的物流服务和技术支持，目前主要针对中小电商企业面临的信息流、资金流和物流问题，提供智能云仓服务、供应链服务和综合物流服务。

蹇毅　湖南奋马网络科技有限公司创始人

湖南奋马网络科技有限公司的威廉古堡轰趴派对（home party）项目是中国第一别墅轰趴连锁品牌，国内同业中分店最多，年营业额最多，员工人数最多，运营体系最健全。股东情况：蹇毅持股70%，联合创始人汪俊持股15%，联合创始人龙帆持股15%。轰趴行业将社会各种零散娱乐消遣方式全部集中于一体，实现跨行业整合。威廉古堡轰趴派对将单一娱乐场地或活动进行集中，在一个空间能体验到不同空间的娱乐项目，花一份钱玩多种项目。

叶瑾　建德市飞凤农业开发有限公司创始人

杭州飞凤心灵庄园为浙江省"坡地村镇"建设用地试点项目、杭州市农村一二三产融合发展示范园项目。总投资 1.2 亿元，规划占地面积为 3500 余亩（1 亩 ≈ 666.7 平方米），其中农场种养殖基地 2000 亩，以水稻、莲子为主导产业，园区还配套有旱粮、山茶油、鱼塘、四季蔬果和茶园等。

项目基于城乡一体化建设，运用互联网运行模式，以农文旅产品为切入点，覆盖农业产业、综合体发展，乡村文旅项目的设计、策划、建设以及农产品、民宿和相关服务业态的开发运营，切中城市"新中产"对于乡村美好生活的追求，由点至面，覆盖产业化发展的全产业链，进而形成一个去中心化、高交互性的乡村未来社区。

近十年，项目一直致力于乡村振兴，进入农业农村领域，打造出乡村—城市—乡村多个维度双向赋能的经济增长大循环，同时在农业产业结构调整、解决劳动力就业、带动农民增收、产业增效等方面都取得了良好的社会效益和经济效益。

邹彬 成都青柠微影科技有限公司创始人

成都市青柠微影科技有限公司成立于 2015 年 8 月，基于目前"互联网+"理念，追随年轻消费群体新喜好，创建出一个属于年轻人的点播影院个性化连锁品牌"青柠影咖"。作为中国仅有的年轻化、个性化的私人影院技术方案解决方，青柠影咖拥有与国内销量第一的微型智能投影品牌极米科技的独家合作优势，并且与国内最专业的数字娱乐平台 1905 电影网达成了战略合作协议，在电影版权、影视资源及电影推广方面取得独特优势。公司管理团队是由来自影院经营、媒体、科技、广告、软件开发等行业，拥有十数年卓越经验的精英人才组建而成，并且是最早一批从事私人影院连锁模式的开拓者，积累了丰富的新型文化娱乐产业运营及软硬件技术开发经验。

马兴进 广州广厦公寓管理有限公司创始人

广州广厦公寓管理有限公司立足于粤港澳大湾区，业务是村集体物业开发和运营，主要产品为大型租赁社区。2021 年，公司参股自持项目约 5.3 万平方米，合作经营项目约 32.4 万平方米，未来将继续在村集体物业上探索大型租赁社区的发展。

刘璐　贵州仁怀承郑酒业有限公司创始人

贵州仁怀承郑酒业有限公司位于酒都茅台镇赤水河畔，距茅台酒厂 1.7 千米，公司所产白酒由国酒大师郑义兴 117 味中草药酒曲配方和大曲坤沙 12987 古法酿造，与茅台酒同宗同源，在酱酒行业独树一帜。

李勇　深圳市票景通信息科技有限公司创始人

票景通信息科技有限公司 2015 年创立于深圳，是一家集文旅行业智慧系统应用研究、系统开发、平台运营及产品销售和服务为一体的高新技术企业。通过对文旅行业智慧系统应用领域的深入研究和技术经验的沉淀，公司相继推出了智慧支付平台、全域旅游平台、智慧景区管控平台、旅游分销平台、移动微营销平台等面向景区和旅游目的地的全套解决方案，并依托移动互联网技术，为客户提供全面的互联网信息服务，提高内部管理水平和提升游客满意度及复购率，增加整体收益！

张锡炎　西双版纳龙象旅游有限公司创始人

龙象旅游因公益项目"小象未来成长计划"而起，创始人张锡炎在西双版纳持续十余年开展贫困茶农帮扶、亚洲象保护活动，2017 年，张锡炎和西双版纳州热带雨林保护基金会共同发起新型雨林修复活动，在基诺乡开展"退蕉 / 胶还林"，在修复雨林的同时，带动村民发展生态旅行，探索以可持续商业支持公益的良性发展道路。

龙象旅游围绕热带雨林和亚洲象保护主题，形成了独具特色的深度生态旅行产品"小象之旅"。自有 2550 亩天然雨林，用于雨林穿越体验和雨林自然教育，致力于打造有影响力的雨林及亚洲象主题 IP 庄园。

张云凤　深圳华库健康科技有限公司创始人

华库，取自于"中华中医学、养生学宝库"之意。华库健康遵循传统中医理论，借助中医中药养生智慧，融合先进化萃取提纯技术，致力于为大众提供健康管理服务以及个性化健康管理方案。2021 年，华库健康有全国线下合作门店 20000 余家，与一线药业品牌合作率高达 90% 以上，如北京同仁堂、香港位元堂、华润集团、海王星辰、国大医药等。华库健康坚持集团化运作，旗下公司各司其职，共同打造服务大众健康的产品体系。

韩绪　中以津惠现代农业健康科技园创始人

中以津惠现代农业健康科技园位于四川省农业博览园内成都市新津区方兴镇柏杨村，占地 1000 余亩，投资 2.3 亿元人民币。项目全面引进以色列和荷兰的高科技温室大棚技术，以全球领先的农业种植技术和管理经验为依托，致力于打破中国传统的农业发展模式，是一家集高科技种养殖、绿色生态旅游观光、餐饮康养为一体的现代农业园。

梁卫　四川陶然农业科技发展有限公司创始人

四川陶然农业科技发展有限公司创立于 2008 年 6 月，是一家以柑橘新品种、新技术研发为核心，产—学—研相结合、育繁推一体化，集栽培技术创新、新品种栽培示范及推广，果品品牌推广与销售为一体的农业综合型科技企业。2020 年，公司主营收入超过 7000 万元，致力于农村供给侧改革及乡村振兴战略。

傅清云　国潮风范（福建）文化产业有限公司创始人

国潮风范有限公司旗下东方有范项目以中国文创 IP 驱动中国山海茶、食、旅文创发展。公司在文旅板块自有武夷山景区民宿，厦门有空民宿运营一年的基础上，结合武夷山，福鼎两地，核心产区岩茶、红茶、白茶和两地特色农产品；通过中国文化山海经 IP 内容的跨界授权、联合打造和社交网红大 V 等渠道的内容传播推广和销售。2020 年，公司服务于 10000 名以上 20 ~ 35 岁年轻的办公室人群和家庭成员，在未来将为中国文创打造特色的文化属性品牌。

段立　南京普杰物联网技术有限公司创始人

南京普杰物联网技术有限公司用人工智能技术为中端酒店减少用工服务，提升酒店客房体验感以提升酒店入住率。